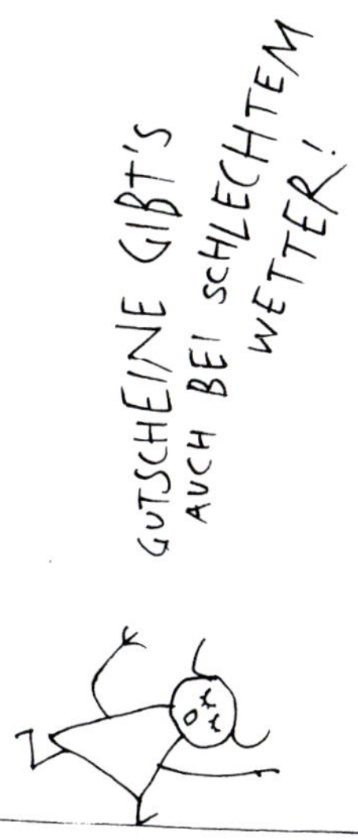

GUTSCHEINE GIBT'S
AUCH BEI SCHLECHTEM
WETTER!

Rostock, Warnemünde und Umgebung

Anhang

Vorwort

„Papa, mir ist langweilig!“ oder „Mama, welchen Ausflug machen wir heute?“ – leidgeprüfte Eltern und Großeltern können ein Lied von solchen und ähnlichen Urlaubsproblemen ihrer Sprösslinge singen.

Dabei haben die lieben Kleinen oft sogar sehr konkrete Vorstellungen von einem Ferientag: Aufregend soll es sein, es soll Spaß machen – und Tiere kommen immer gut an. Die Eltern dagegen hätten meist nichts gegen ein wenig ungestörte Erholung. Vielleicht auch mal einen „Aktivtag“ per pedes oder auf dem Fahrrad. Damit jeder auf seine Kosten kommt, soll dieser Erlebnisführer Ihnen jede Menge Möglichkeiten vorstellen, gemeinsam eine wundervolle Zeit zu verbringen. Deutschlands größte Halbinsel Fischland-Darß-Zingst punktet vor allem mit schönen Stränden und der intakten Natur des Nationalparks Vorpommersche Boddenlandschaft. Aber auch das Boddenhinterland, Barth und Ribnitz-Damgarten haben mehr und mehr lohnende Ziele zu bieten, die auf ihre Entdeckung warten. Und die Hansestadt Rostock verspricht sowieso rund ums Jahr spannende Unterhaltung.

Alle vorgestellten Museen, Spielmöglichkeiten und Ausflüge haben wir natürlich selbst getestet. Konkrete Angaben zu Eintrittspreisen, Öffnungszeiten und Nebenkosten sollen Ihnen helfen, den Ausflug schon im Vorfeld gut zu planen. Und um die Familienkasse bei Ihren Unternehmungen etwas zu schonen, sind im Anhang einige Gutscheine zu finden. Die können einfach herausgetrennt und für die jeweils aufgedruckte Leistung oder den angebotenen Preisnachlass eingelöst werden.

Kirsten Schielke & Birgit Vitense

Wir hoffen, dass Ihnen dieser Erlebnisführer Anregungen und Tipps für aufregende Tage zwischen Fischland-Darß-Zingst und der Hansestadt Rostock geben kann.
Alle Ausflugsziele wurden von uns sehr sorgsam recherchiert. Trotzdem ist natürlich nicht auszuschließen, dass sich Fehler eingeschlichen oder aktuelle Änderungen ergeben haben.
In diesem Fall bitten wir Sie herzlich, uns nicht gram zu sein, sondern zum Stift oder in die Computertasten zu greifen, um uns darauf aufmerksam zu machen (Hinstorff Verlag GmbH, Postfach 10 10 11, 18001 Rostock; thomas.gallien@hinstorff.de).
So haben wir die Chance, die nächste Ausgabe mit Ihrer Hilfe noch besser zu gestalten.
Dafür bedanken wir uns schon im Voraus.

Fischland-Darß-Zingst

Zingst *Experimentarium*

Seestraße 76
18374 Ostseeheilbad Zingst
Telefon 038232/84678

www.experimentarium-zingst.de

ab 3 Jahre
Öffnungszeiten
November bis März
Di bis So 10 bis 16 Uhr

April bis Juni und
September bis Oktober
Di bis So 10 bis 17 Uhr

Juli bis August
täglich 10 bis 18 Uhr

Eintrittspreise
Erwachsene 6 €
Kinder (3–4 J.) 2 €,
(ab 5 J.) 4,50 €
Familienkarte 17 €

Aufenthaltsdauer
2 Stunden

Parken kostenpflichtig am Haus

Souvenirshop

kinderfreundliches Familien-restaurant mit Spieltischen

Toilette

für Kinderwagen geeignet

Gewölbte Spiegel lassen die Figur entgleisen und der Kopf vollführt scheinbar unkontrollierte Drehungen – spielen, was das Haus hergibt, und dabei staunen und entdecken kann eine der interessantesten Möglichkeiten für Kinder und Eltern sein, Zeit miteinander zu verbringen. Das Experimentarium in Zingst wurde nach dem Vorbild des weltweit ersten, in San Francisco gegründeten Exploratoriums errichtet. Selbstverständlich ist es kleiner als das amerikanische Vorbild von Frank Oppenheimer. In Ruhe zu tüfteln, ist in den drei Räumen und in dem Garten aber eher nicht vorgesehen. Wer hier verweilt, muss die Begeisterungssprache der Kinder einkalkulieren. Die ist im Erfolgsfall bekanntlich mehr laut als leise. Dafür entschädigt die Freude, gemeinsam etwas auszuprobieren.

Die Zingster Kinderwelt dreht sich um Logik, Wissen, Aufmerksamkeit. Es geht um optische Täuschungen, um das Hören, die Kraft des Wassers oder den Zauber von Schallwellen. Mit Augen, Ohren, Händen und Füßen kann jeder hier lernen, die Welt etwas besser zu verstehen.
In der sogenannten Schlauberger-Show (auf Anfrage) werden Experimente zum Nachmachen für zu Hause vorgeführt.

Auch im Hof des Experimentariums kann man den Naturgesetzen auf die Schliche kommen. Die Wirkung eines Brennglases wird aus Sicherheitsgründen nur unter Aufsicht vorgeführt. Und während die Erwachsenen ganz heimlich wieder jung werden, versuchen sich die Kinder im Beherrschen von ferngesteuerten Booten oder Autos.

Museumshof

Strandstraße 1
18374 Ostseeheilbad Zingst
Telefon 038232 / 15561

www.zingst.de

ab 6 Jahre
Öffnungszeiten
Oktober bis Mai
Di, Do, Sa 10 bis 16 Uhr

Mai bis Oktober
Di bis Sa 10 bis 17 Uhr
Museumshof
täglich 10 bis 18 Uhr

Eintrittspreise
Erwachsene 1 €

Aufenthaltsdauer
½ bis 1 Stunde

Parken kostenpflichtig am Haus

Souvenirshop

Backstube

Toilette

für Kinderwagen geeignet

Der Zingster Museumshof nahe dem Ortseingang am ersten Kreisel beherbergt in seinen vier historischen Gebäuden das Museum, eine Ausstellungsscheune, eine Bernsteinwerkstatt, eine Segelmacherei und einen kleinen Garten, der unseren Sinnen gewidmet ist. In der Hauptsaison und zur Weihnachtszeit bietet das Museum in seiner Kreativwerkstatt täglich unterschiedliche Kurse an. Filzen, Flechten, Bernsteinschleifen, Malen gehören dazu. Spielfeste für Kinder zu den Themen Wasser – Feuer – Luft und Licht finden in den Sommermonaten statt. An diesen Tagen wird zudem am Abend für die Eltern in der Kulturscheune häufig ein festliches Konzert geboten. Die persönliche Betreuung der jüngeren Besucher schreibt man im Zingster Museumshof ganz groß. Und so können Eltern oder Großeltern unbesorgt das Museum durchstreifen, während die Kinder unter Anleitung zum Beispiel filzen oder selbst Schmuck gestalten.

Der kleine Golfball rollt wieder an dem angepeilten Loch vorbei. Es scheint wie verhext. Gut beraten sind die Eltern, die nicht nur verbal, sondern mit dem Golfschläger ausgerüstet, einmal selbst das Einlochen versuchen.

Dann werden sie schnell merken, wo der Ball klemmt. Kinder können mit Geduld und hilfreichen Tipps in einen Wettbewerb mit den Großen eintreten.
Mitten im Ort, nahe dem Strandübergang 8, befindet sich diese Spielanlage. Sie verfügt über 18 Bahnen unterschiedlicher Schwierigkeitsgrade. Der Ball rollt auf Kunststoffbelag und lässt sich gut führen, so man das Handwerk beherrscht. Von Hecken und Rasen gesäumt und teilweise von Bäumen beschattet, kann man hier ausgezeichnet spielen. An den Seiten stehen vereinzelt Tische und Stühle, so dass ein süßer oder herzhafter Imbiss in Ruhe eingenommen werden kann.

Cordula Höhler
Rämel 21
Strandübergang 8
18374 Zingst
Telefon 038232 / 15733

ab 5 Jahre
Öffnungszeiten
April bis Mai
11 bis 18 Uhr

Juni, Juli, August
10 bis 21 Uhr

September, Oktober
11 bis 18 Uhr

Preise
Erwachsene 2 €
(eine Runde,
ohne Zeitbegrenzung)
Kinder 1,50 €
Pro Zehnerkarte ein Freispiel

Aufenthaltsdauer
mindestens 1½ Stunden

Parken kostenpflichtig im Ort

Imbiss

für Kinderwagen geeignet

10

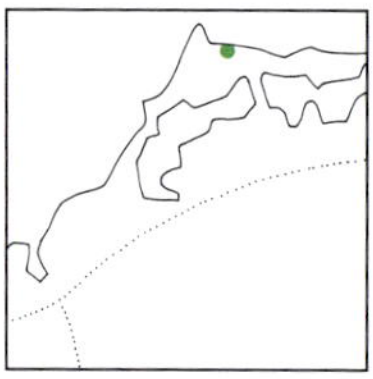

Prerow

Natureum und Leuchtturm Darßer Ort

Deutsches Meeresmuseum
Stralsund
Außenstelle Darßer Ort
Darßer Ort 1–3
18375 Born am Darß
Telefon 038233/304

www.meeresmuseum.de

ab Kleinkindalter
Öffnungszeiten
Mai bis Oktober
täglich 10 bis 18 Uhr

November bis April
Mi bis So 11 bis 16 Uhr

Eintrittspreise
Erwachsene 4 €
Kinder (ab 4 J.) 3 €
Familienkarte
(2 Erwachsene, 1 Kind) 8,50 €,
jedes weitere Kind 1,50 €

Aufenthaltsdauer
ca. 2 Stunden
(ohne Anfahrt oder Wanderung)

Parken kostenpflichtig in Prerow

Museumsshop

Café am Leuchtturm

Toilette

Die Nordspitze des Darßes mitten im Nationalpark Vorpommersche Boddenlandschaft liegt etwa 5 km nordwestlich von Prerow und ist nur zu Fuß, per Fahrrad oder Pferdekutsche zu erreichen.

Der Leuchtturm ist mit seinen 160 Jahren einer der ältesten der gesamten Ostseeküste. Heute gehört er zum Ensemble des Natureums und bietet bei klarer Sicht einen phantastischen Ausblick über die Ostsee bis zum Dornbusch auf Hiddensee oder sogar zu den Kreidefelsen der dänischen Insel Møn.

Im früheren Leuchtturmwärterhaus sind mehrere Ausstellungen zu sehen, die die Tiere und Naturräume der Region vorstellen. Das ehemalige Stallgebäude beherbergt heute das Ostseeaquarium und das Oberwärterhaus das „Café am Leuchtturm“. Das kann aber nur besuchen, wer den Eintritt ins Natureum bezahlt hat. Nur wenige Schritte hinter dem Natureum gelangt man an den Strand. An heißen Tagen ist er ein schöner Badeplatz, den man allerdings mit vielen anderen teilen muss. Außerhalb der Hauptsaison erweist er sich als

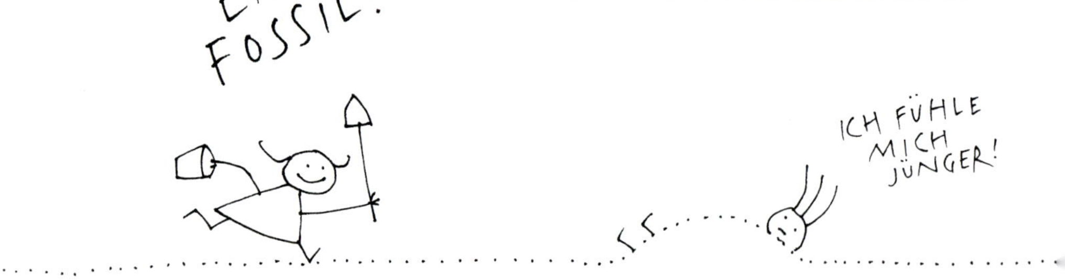

ein herrlicher Fundort für Steine aller Art und Fossilien wie versteinerte Seeigel und Hühnergötter.
Wanderfreudigen Urlaubern ist ein wunderschöner Rundweg (etwa 1½ Stunden) zu empfehlen. Etwas versteckt beginnt er in der Nähe des Fahrradparkplatzes und führt über die Dünen, vorbei am Nothafen Darßer Ort. Unterwegs bieten mehrere Aussichtsplattformen einen Rundblick über die Küstenlandschaft.

Darßmuseum

Waldstraße 48
18375 Prerow
Telefon 038233 / 69750

www.ostseebad-prerow.de

ab 3 Jahre
Öffnungszeiten
Mai bis Oktober
Di bis Do 10 bis 18 Uhr

November bis April
Fr bis So 13 bis 17 Uhr

Preise
Erwachsene 4 €
(mit Kurkarte 2 €)

Kinder (ab 6 J.) 2,50 €
(mit Kurkarte 1,50 €)

sonntags für Familien
Eintritt 3 €
Kreativwerkstatt 3,50 €

Aufenthaltsdauer
etwa 1 Stunde

Parken kostenlos am Haus
und in der Hülsenstraße

Toilette

Das Museum hält eine Menge von Wissenswertem über die Region bereit. Darßer Haustüren und ihre Bedeutung, eine original eingerichtete alte „gute“ Stube, Segelschiffsmodelle oder Reisemitbringsel der Seeleute aus aller Welt.

Immer mittwochs um 14 Uhr lädt eine Kreativwerkstatt interessierte Kinder zu einer besonderen Führung durchs Haus ein. Und im Sommer gibt es jeden Donnerstag um 19 Uhr eine Gute-Nacht-Geschichte.

Die größten Ausstellungsstücke sind die originalen Fischerboote. Sie stehen im großen Freigelände rund ums Museum. Auf dem Spielboot „Lütt Matten“ darf sogar geklettert werden.

Die Stelle, an welcher der Hauptübergang zur Seebrücke den Radweg kreuzt, dürfte eine tägliche Herausforderung für Eltern sein, die auf dem Hin- oder Rückweg vom Strand sind. Einfach Entchen-Beobachten auf dem Prerow-Strom, Toben auf dem Spielplatz oder eine Partie Freiluft-Schach – da lässt sich jeden Tag etwas Neues finden. Am Steg hinter dem „Stromblick" liegen außerdem eine Reihe Tretboote, auf denen auch schon die Jün-

geren mal Kapitän sein können. Wer noch zu klein zum Treten ist, kann immerhin im hinteren Teil des Bootes mitfahren. Da der Abschnitt des Prerow Stromes hier nur etwa 600 m lang ist, hält sich die Ausflugsdauer in Grenzen.
Tipp: Sachen, die nicht feucht werden dürfen, lieber an Land lassen.

Verleih im „Stromblick"
am Hauptübergang zur Seebrücke
Telefon 0152 / 29289457

ab 3 Jahre
Öffnungszeiten in der Hochsaison
täglich 10.30 bis 20 Uhr

Preise
½ Stunde 3,50 €
Stunde 5 €

Parken kostenpflichtig im Ort

Bistro

Toilette

Möwentreff

Familiencenter an der Seebrücke
18375 Prerow

www.moewentreff.de

ab 3–14 Jahre
Öffnungszeiten
voraussichtlich Hauptsaison
10 bis 21 Uhr
geplante Eröffnung im
April 2009

Eintrittspreise
Erwachsene 6 €
Kinder (ab 3 J.) 8 €

November bis März pauschal
(Kinder/Erwachsene) 5 €

Aufenthaltsdauer etwa 3 Stunden

Parken kostenpflichtig im Ort
(ca. 300 m zu Fuß)

Toilette

Wickelraum

für Kinderwagen geeignet,
Abstellraum vorhanden

Die Kinderwelt von „Ravensburger" verspricht jede Menge Action für Groß und Klein mit Spielen, Bauen, Klettern und Ausprobieren. Alles steht unter dem Motto „Strand und Meer".
Zu einer Besonderheit gehört sicherlich das Bernsteinwaschen, bei dem ein eigenes Erinnerungsstück mitgenommen werden darf. Für sportliche Kinder und Eltern stehen auf dem großen Freigelände ein Kletterparcours und andere spannende Dinge bereit. So soll man trockenen Fußes über Wasser laufen oder ohne Sicherungsseil acht Meter in die Höhe klettern können. Bis zu 18 Kinder werden auf Wunsch unter Aufsicht betreut, so dass die Eltern währenddessen Sauna, Fitnessraum oder Cocktail-Bar testen können.
Das Restaurant heißt „rindsfisch", was auf die Vielfalt des Angebotes verweisen soll. Im Sommer kann man das auch im Freien genießen.

Wieck *Darßer Arche*

Name und Form sind Programm. Die Darßer Arche ist konzipiert als Schutzraum für den Erhalt der Lebensräume von Tieren und Pflanzen. Grafiker, Architekten, Geologen, Biologen, Maler, Bildhauer und Ausstellungsgestalter haben mit modernen Mitteln ein Gebäude entworfen, das mit seinen 400 qm Ausstellungsfläche faszinierende Einblicke in die Natur gewährt. Im Inneren spiegelt sich die Grundstruktur der Lebensräume wider: Wasser, Schilf, Düne, Steilküste, Wald. Spielerisch kann man das Wirken der Kräfte beim Entstehen und Vergehen der Landschaft begreifen.
Alle Sinne werden aktiviert: Man sieht die Tierwelt über und unter Wasser, hört die Stimmen von Rohrweihe, Blässhuhn und Wildschwein und fühlt die Unterschiede der Holzarten. An der Decke informiert eine Installation über die Vogelzüge und am Boden zeigt eine begehbare Landkarte weitere sehenswerte Orte in der Umgebung.
Die muss man nicht allein entdecken. Auf Anfrage gibt es Führungen durch den Nationalpark.

Nahe liegende Ziele erreicht man schnell mit den zwei noch wachen Sinnen. Erst riecht man den Kuchen vom Café gegenüber und dann schmeckt man den köstlichen Bienenstich.

Bliesenrader Weg 2
18375 Wieck / Darß
Telefon 038233 / 70380

www.darsser-arche.de

ab 6 Jahre
Öffnungszeiten
Mai bis Oktober
täglich 10 bis 18 Uhr
Nebensaison auf Anfrage

Eintrittspreise
Erwachsene 4 €
(mit Kurkarte 3,50 €)
Kinder (ab 6 J.) 3 €

Aufenthaltsdauer 1 bis 2 Stunden

Parken kostenlos

Eiscafé

Toilette

Wickelmöglichkeit

für Kinderwagen geeignet

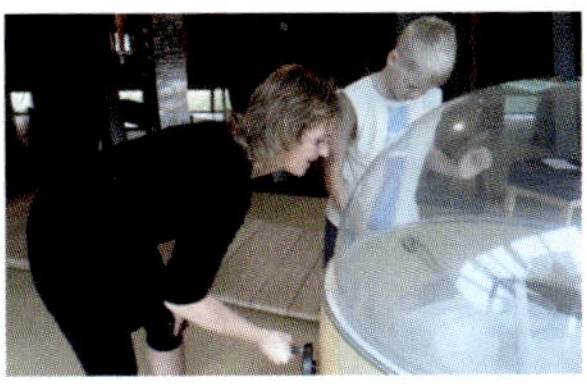

16 Born *Borner Türen*

Chausseestraße
18375 Born/Darß

ab 5 Jahre

Aufenthaltsdauer 1 bis 2 Stunden

Parken kostenlos

Toilette
(die Gaststätten werden bei so viel Ortsinteresse milde sein)

Sommertheater
in der Hauptsaison
täglich

in der Vor- und Nachsaison
am Wochenende

für Kinderwagen geeignet

Die Lage machte Born am Darß 1939 zum „Luftkuhrort". Die Buchten des Bodstedter und Saaler Boddens im Süden und der Darßer Urwald im Norden waren ideale Voraussetzung für die Mischung von rauer Seeluft und sauerstoffreicher Waldluft. Die „Spaziergänger von Born" promenierten auf der 3 km langen Dorfstraße, vorbei an rohrgedeckten Häusern mit Krüppelwalmdach und Holzverschalung.
Die naturfarbenen Behausungen wurden von ehemaligen Bauern, Fischern und Seefahrern errichtet. Tulpenstrauß und Sonnen an den Türen erinnern an die erste Blüte der Segelschifffahrt um 1800, zeigen den Wohlstand und beschützen die Schwelle des Hauses vor Gefahren. Bis 1930 waren die Türen einfarbig grau, grün oder rotbraun. Die erste Tür in den heute typischen klaren und bunten Farben bekam das neue Gemeindehaus auf Anregung des Malers Theodor Schulze-Jasmer.

Welches ist die schönste Tür? Wer kann sie aus dem Gedächtnis aufzeichnen? Welche Motive kommen am häufigsten vor? Wie viele bemalte Türen hat der Ort? Ein Bummel durch Born könnte sich zu einem vergnüglichen Wettkampf zwischen Groß und Klein entwickeln, mit wunderbarer Nebenwirkung: Die ganze Familie hat rote Wangen von sauerstoffreicher Wald- und rauer Seeluft!

Und im Sommertheater gibt es dann ein Stück für Erwachsene und in der Fischerkirche ein Konzert für Kinder. Oder umgekehrt. Oder beides für alle!

Am westlichen Ortseingang von Born befindet sich das große Gut Darß mit seinen ausgedehnten landwirtschaftlichen Gebäuden.
Ob man mit Auto oder Fahrrad unterwegs ist, auf den Weiden ringsum grüßen lange vorher die vielen Rinder. Wer die Wasserbüffel sucht, findet diese nahe dem alten Hafen. Die einzige Herde dieser Art in Mecklenburg-Vorpommern genießt den Sommer auf feuchtem Wiesengrund und „bearbeitet" genügsam die Schilfränder am Wassersaum.
Jeden Donnerstag findet auf dem Gut der Tag des offenen Hofes statt. Es werden Führungen angeboten, die sich für Groß und Klein lohnen. Dort ergibt sich auf Nachfrage die Möglichkeit, die riesigen landwirtschaftlichen Maschinen aus nächster Nähe zu betrachten oder selbst auf einem Traktor Platz zu nehmen.
Auf dem Gelände stehen im ökologisch gebauten Laufstall gemütlich kauende Kühe. Sie lassen sich unter Umständen zwischen den Hörnern kraulen.

Jüngere Besucher werden von den Ziegen im Streichelgehege oder dem sprechenden Papagei angezogen. Übrigens, pfeift man diesem intelligenten Tier etwas vor, zwitschert es die kurze Melodie ziemlich genau nach.

Am Wald 26
18375 Born/Darß
Telefon 038234/50621

www.gut-darss.de

ab 5 Jahre
Führungen
Mai bis Oktober
Do 14 und 15 Uhr
bis 12 J. kostenlos,
ab 13 J. 5 €

Hofladen
Mai bis Oktober 9 bis 18 Uhr,
sonst
Mo bis Fr 9 bis 17 Uhr
Sa 9 bis 12 Uhr

Aufenthaltsdauer
1½ bis 2 Stunden

Parken kostenlos am Haus

Toilette

für Kinderwagen geeignet

SEI EIN MATADOR, ICH WILL DICH BEWUNDERN!

Welt der Reptilien

An der Bäderstrasse
18375 Born / Darß
Telefon 0180 / 5009691

ab 3 Jahre
Öffnungszeiten
15. Juni bis August
Di bis Sa 14 bis 19 Uhr
So 11 bis 19 Uhr

Aufenthaltsdauer 1½ Stunden

Parken
kostenlos hinter dem Zelt

Souvenirshop

Toilette

für Kinderwagen geeignet

Ein Besuch im leuchtend roten Zelt mit den unzähligen Terrarien und Wasserbecken für die 250 Tiere wird vor allem den jüngeren Besuchern lebhaft in Erinnerung bleiben. Riesenschildkröten, Krokodile, Skorpione, Leguane, Schlangen, Spinnen oder große Heuschrecken tummeln sich hier zuhauf. Die schummerige Beleuchtung in der Ausstellung lenkt sofort die Blicke auf die einzelnen Tierbehausungen. Während die großen und kleinen Schildkröten Freigang auf der umzäunten Wiese genießen, sind Nattern, Kaimane und Warane nur hinter bruchsicherem Glas zu bestaunen. Dreimal täglich (14.30, 16 und 17.30 Uhr) finden auf einer kleinen Bühne im hinteren Teil der Anlage Vorführungen statt. Dann besteht die Chance, eine Vogelspinne zu berühren oder ein Krokodil zu streicheln. In lockerer Art und mit einigem Humor gespickt, erfährt man Erstaunliches, zum Beispiel wie viele Zähne das 2003 geborene Krokodil genau hat – im Jahr 2008 waren es 81. Und auch die Frage, ob die Spinne nicht nur acht Beine, sondern auch acht Augen hat, wird hier geklärt. Am Ende darf die Albino-Kobra als Foto-Shootingstar herhalten. Für 5 € gibt es sogar ein Bild mit mutigem Protagonisten und Würgetier für das Urlaubsalbum.

Ahrenshoop

Seemannskirche bis Althäger Hafen

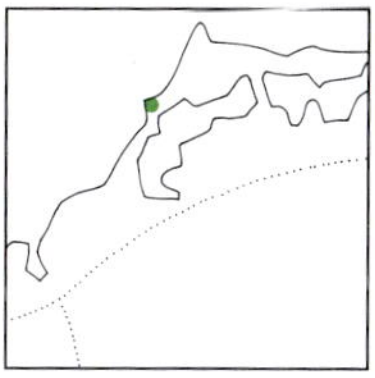

Mitten in Ahrenshoop liegt die Grenze zwischen dem Darß und dem Fischland (und damit auch die zwischen Vorpommern und Mecklenburg). Landschaftsmaler entdeckten den zauberhaften Ort einst für sich und machten ihn als Malerkolonie bekannt. Noch heute lebt diese Tradition in vielen Galerien und Künstlerhäusern, Ateliers und Kunstwerkstätten fort.
Für eine kleine Entdeckungsreise eignet sich besonders das Fahrrad, da der Ort sich lang hinstreckt und Parkplätze (im Sommer) rar sind.

Etwas Besonderes ist die 1951 gebaute Schifferkirche in der Form eines kieloben liegenden Bootes.
Im Inneren hängen vier Schiffsmodelle von der Decke herab, die Glaube, Liebe, Hoffnung und Frieden verkörpern sollen.

Vorbei an zahlreichen alten rohrgedeckten Häusern kann man zum Hafen radeln, Zeesbootfahren, reiten oder Räucherfisch essen. Ein Erlebnis ist auch die kleine Wanderung zum Hohen Ufer auf der Ostseeseite.
In dem bis zu 18 m hohen Kliff nisten zahlreiche Uferschwalben.

Kurverwaltung
Kirchnersgang 2
18347 Ahrenshoop
Telefon 038220/6666-10

alle Altergruppen
Öffnungszeiten
Mo bis Fr 9 bis 16 Uhr
Sa 10 bis 15 Uhr

15. Juni bis 14. September
bis 18 Uhr
und So 10 bis 15 Uhr

20

Wustrow
Fischländer Hafen am Bodden

Kurverwaltung Wustrow
Strandstraße 10
18347 Ostseebad Wustrow
Telefon 038220/251

www.ostseebad-wustrow.de

alle Altersgruppen
Aufenthaltsdauer ½ Stunde
(ohne Ausflug)

Parken kostenpflichtig auf dem großen Parkplatz

Restaurant, Imbiss, Fischräucherei

öffentliche Toilette

für Kinderwagen geeignet

Große Boddenrundfahrt
MS OSTSEEBAD WUSTROW (Fahrgastbetrieb Kruse und Voß GmbH)
April bis 15. Juni
täglich 10 Uhr, 14 Uhr
16. Juni bis 10. September
täglich 10 Uhr, 12.30 Uhr, 14 Uhr, 16.30 Uhr**
11. September bis 31. Oktober
täglich 10 Uhr, 14 Uhr
*Dauer ca. 2 Std., * ca. 1 Std.*

Zeesbootsegeln auf der „Butt" von Peter Eymael
Telefon 038220/201 oder 0170/2017816

Zeesenboot „Bill", „Fischländer Segelschule" von Matthias Voigt
täglich (von Ostern bis Oktober) 10.30, 12, 14, 16 und 18 Uhr
Telefon 038220/66365 oder 0171/3277290

www.fischlaender-segelschule.de

Wustrow war früher das größte Seefahrerdorf des Fischlandes. Viele hübsche Schiffer- und Kapitänshäuser erinnern heute noch daran. Auf dem Weg zum Hafen kommt man auch an der Kirche vorbei. Da sie auf einem künstlich aufgeschütteten Hügel steht, hat man bei guter Sicht einen weiten Blick über die Landschaft zwischen Ostsee und Bodden. Der Fischländer Hafen am Bodden war einst die Heimat von unzähligen Segelschiffen. Heute kann man immerhin noch Törns auf Zeesbooten unternehmen. Außerdem gibt es Bootsverleih, Segelschule und das Surfcenter Wustrow. Wer Lust hat, kann von hier zu einer Boddenrundfahrt starten, auch besteht die Möglichkeit, nach Ribnitz-Damgarten oder Dierhagen überzusetzen. Große hölzerne Figuren verführen zum Klettern und der Duft von geräuchertem Fisch zum Imbiss.

Boddenfahrten mit Schaufelraddampfer und Zeesboot

Das Schöne an einer Insel oder Halbinsel ist ja auch das sie umgebende Wasser.
Ein Reiz, den gerade Fischland-Darß-Zingst mit der ungestümen oder friedlichen Ostsee im Norden und Westen und der sanfteren Boddenküste im Süden und Osten ausstrahlt. Da liegen Schiffsausflüge natürlich auf der Hand und jede Menge Wasserfahrzeuge stehen dafür zur Verfügung – unmöglich alle zu erwähnen. Besonders ins Auge aber fallen die sonst eher auf dem Mississippi anzutreffenden Schaufelraddampfer „River Star" und „Baltic Star" (beide Poschke Fahrgastschifffahrt). Auf Ersterer sind Rundfahrten von Prerow aus möglich, Letztere fährt zwischen Zingst und Barth. Boddenrundfahrten und Ausflüge von Ostseebad zu Ostseebad bzw. zum Festland gibt es von Dierhagen, Wustrow und Ahrenshoop genauso wie von Born und Zingst. Ribnitz-Damgarten, Bodstedt und Barth sind die Ziele jenseits des Boddens. Sehr beliebt sind bei passendem Wetter auch Ausflüge ins Abendrot.

Etwas Besonderes sind in jedem Fall Segeltörns mit einem der historischen Zeesenboote, die in den Häfen Dierhagen, Wustrow (siehe unter Hafen Wustrow), Althagen und Barth liegen.

Alle Reedereien unter www.fahrgastschifffahrt-fischland-darss-zingst.de mit Tourenplänen und Preisen

Poschke Fahrgastschifffahrt GmbH
Telefon 038234/239
0171/4100426

Fahrgastbetrieb Kruse und Voß GmbH
Telefon 038220/588
0172/3896090

Reederei Rasche GbR
Telefon 038234/210
0171/5231073

Reederei Oswald
Telefon 038232/16677
0170/5841644

Reederei Zingst GbR
Telefon 03831/268116

ab Kleinkindalter

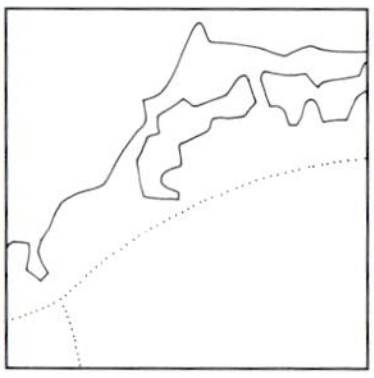

Kranichbeobachtungen

Kranich-Informationszentrum
Lindenstraße 27
18445 Groß Mohrdorf
Telefon 038323/80540

www.kraniche.de

Nationalparkamt Vorpommersche Boddenlandschaft
Im Forst 5
18375 Born
Telefon 038234/5020

www.nationalpark-vorpommersche-boddenlandschaft.de

Bliesenrader Weg 2
18375 Wieck
Telefon 038233/70380

ab 10 Jahre

Die Fabelvögel mit ihrem weit schallenden Trompetenruf läuten an der südlichen Ostsee den herbstlichen Vogelzug ein. Sie sind äußerst scheue Gesellen. Einige ihrer größten Schlafplätze befinden sich nahe der Halbinsel Fischland-Darß-Zingst, bei den kleinen Boddeninseln und auf dem gegenüberliegenden Festland. Hier schlafen sie stehend in den seichten Boddengewässern oder schreiten tags über die Äcker auf der Suche nach Mais- oder anderen Getreidekörnern sowie Käfern und Würmern.
An manchem dieser Tage wurden in den vergangenen Jahren weit über 50.000 Vögel gezählt.
Wer Kraniche beobachten will, braucht Ruhe, Zeit, ein gutes Fernglas und häufig ein Fahrrad. So eine Exkursion ist also nichts für den Zappelphilipp oder ein Kleinkind. Um den Einflug auf die Schlafplätze an der Sundischen Wiese zu erleben, muss man vom letzten Parkplatz hinter Zingst rund 8 Kilometer Rad fahren.

Nur so oder zu Fuß sind diese Aussichtsplatzformen zu erreichen. Einen Fahrradverleih gibt es nahe dem Parkplatz. Die hohen, windgeschützten und häufig überdachten Plattformen stehen aber ebenso nahe bei Wieck oder Born.

Geführte Wanderungen werden in Born, Wieck und Zingst zum Preis von bis zu 20 € mehrmals wöchentlich angeboten. Ein Kleinbus fährt die Teilnehmer zu den Äsungsflächen der Großvögel auf dem Festland.

Von Zingst aus kann man einen abendlichen Ausflug aber auch mit einem Boot unternehmen. Ausflugsdampfer oder Zeesenboote legen zwischen 16 und 18 Uhr ab. Die Tour führt in die Nähe der Schlafplätze der Kraniche und kostet maximal 12 €.

Beobachtungszeitraum
März/April und
August bis Mitte November

Öffnungszeiten
Informationszentrum
Februar
Mo bis Fr 10 bis 16 Uhr
März bis Mai
Mo bis So 10 bis 16 Uhr
Juni, Juli
Mo bis Sa 10 bis 16.30 Uhr
August
Mo bis So 10 bis 16.30 Uhr
September, Oktober
Mo bis So 9.30 bis 17.30 Uhr
November
Mo bis So 10 bis 16.30 Uhr

Eintrittspreise
Sundische Wiese im Nationalpark
Erwachsene und Kinder
ab 15 Uhr 5 €

Aufenthaltsdauer 4 Stunden

Parken kostenpflichtig vor der
Sundischen Wiese

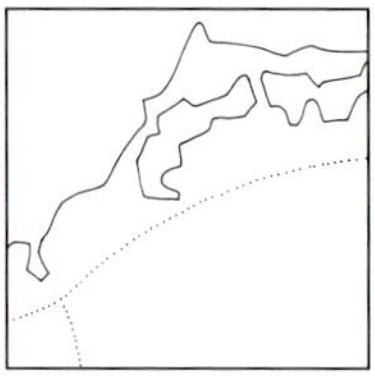

Rad fahren auf der Halbinsel Fischland-Darß-Zingst

Ob über die Deiche, Felder und Wiesen, vorbei an grasenden Kühen oder Wasserbüffeln, oder durch den Küstenwald – die Halbinsel bietet unzählige schöne Wege und Ziele, die ideal mit dem Rad zu erkunden sind. Teilweise stehen gut ausgebaute Radwege zur Verfügung.
Fahrradverleihe gibt es beinahe wie Sand am Meer.

Empfehlung 1
Darßer Wald
29 km
6 Stunden

Hafen Prerow – Leuchtturm Darßer Ort – Großer Stern – Linderweg – Born – Bliesenrade – Wieck – Prerow

Die Tour über die Halbinsel Darß beginnt auf dem großen Parkplatz am Bernsteinweg und führt durch den Darßer Wald zum Leuchtturm. Der Radweg ist unbefestigt, aber dennoch gut zu fahren.
Er schlängelt sich durch den Darßer Urwald.
Fünf Kilometer entspanntes Radeln werden mit einem genialen Blick über die Ostsee belohnt, wenn man das 34 m hohe Seezeichen erklimmt. Ein Holzbohlensteg windet sich durch die wunderbare Dünenlandschaft und lohnt einen halbstündigen Spaziergang.
Anschließend muss man einen Kilometer zurück radeln, rechts (Richtung Süden) einbiegen und dem Weg bis zum Großen Stern folgen.
Über den Bibersteig führt die Tour Richtung Born.
Im Ort Richtung Osten dem Bliesenrader Weg folgen, auf einen Plattenweg einbiegen, die Deichkrone entlangfahren und schon ist man in Wieck. Über den Hafen Richtung Prerow weiterradeln. Dieser Ausflug bietet Urwald, Strand, Düne, Deich, uralte Buchenbestände und in den Orten die Möglichkeit einer kleinen Pause zur Stärkung. Man lernt den Darß von einer seiner beeindruckendsten Seiten kennen.

Hafen Althagen – Born – Linderweg – Großer Stern – Rehberge – Ahrenshoop – Schifferberg – Grenzweg

Empfehlung 2
Altdarß-Tour
20 km

Hafen Wustrow – Barnstorf – Niehagen – Althagen – Hohes Ufer – Bakelberg – Seebrücke – Kirche Wustrow

Empfehlung 3
Fischland-Tour
13 km

Campingplatz am Freesenbruch – Zingster Strom – Hafen Zingst – Müggenburg – Grenzweg – Dreiländereck – Sundische Wiese – Pramort – Hohe Düne – Deedeich – Seebrücke Zingst

Empfehlung 4
Radtour Zingst
43 km

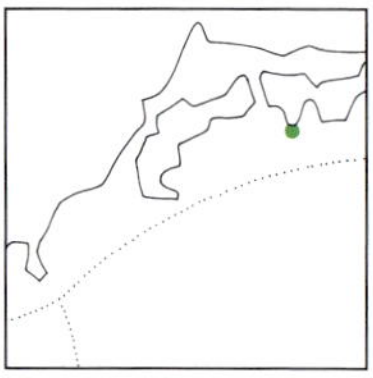

Barth und Umgebung

Barth *Vineta-Museum*

Vineta-Museum
Lange Straße 16
18356 Barth
Telefon 038231/81771

www.vineta-museum.de

ab 5 Jahre
Öffnungszeiten
Mai bis Oktober
Mo bis Fr 10 bis 17 Uhr
Sa, So 11 bis 17 Uhr
November bis April
Di bis Fr 10 bis 17 Uhr
Sa/So 11 bis 17 Uhr

Eintrittspreise
Erwachsene 6 €
Kinder (ab 4 J.) 5 €

Familienkarte
(2 Erwachsene, 2 Kinder) 6 €

Aufenthaltsdauer ¾ Stunde

Parken kostenpflichtig
in der Stadt

Souvenirshop

Toilette

Das 1870 als Rathaus errichtete Gebäude der kleinen Seefahrerstadt befindet sich mitten in der Hauptgeschäftsstraße. Hier soll im 14. Jahrhundert der legendäre Klaus Störtebeker geboren worden sein. Das Museum beherbergt auf vier Etagen unterschiedliche Ausstellungen, die jahreszeit-

lich verändert werden. In den beiden unteren Etagen findet man in jedem Sommer interessante Sonderexpositionen zur Geschichte der kleinen Boddenstadt, seiner Bewohner und Gäste, die Spuren hinterlassen haben – italienische Maler etwa oder Barther Technik-Tüftler, deren Werke und Erfindungen überregionale Bedeutung erlangten.
In den oberen Etagen widmet sich das Museum natürlich dem Vineta-Mythos. Alte Karten werden gezeigt. Ein Film erklärt die sagenumwobene Geschichte der vom Meer verschlungenen Stadt. Textdokumente erklären, wie sich die Vineta-Forschung zwischen Dichtung und Wahrheit und Traum bewegt.

Auf dem Hof wird im Sommer frisches Brot gebacken. Hier haben die Kleinsten Gelegenheiten, zwischen Laubengängen und Sitzgelegenheiten herumzutollen. Ein Ausgleich für die konzentrierten und ruhigen Minuten während des Rundganges durch das Haus.

Alte Bücher können auch Lesemuffeln Überraschendes bieten. Im Bibelzentrum von Barth darf der Besucher berühren, anfassen, riechen, betrachten und ausprobieren.
Zum Beispiel wie viel Mühsal es kostete, eine Seite auf einer alten Buchdruckmaschine zu drucken.

Dicke in Leder gebundene Folianten in holzwurmigen schönen Regalen und große Schreibpulte schmücken einen anderen Raum. Man darf Platz nehmen und malen. Dafür liegen Buntstifte und Papier bereit. Die Erwachsenen werden derweil in die Entstehungsgeschichte der Barther Bibel gezogen.
In der ehemaligen Hospitalkapelle St. Jürgen an der mittelalterlichen Stadtgrenze von Barth befindet sich eine der schönsten Ausstellungen um dieses besondere Buch. Zu den spektakulärsten Exponaten zählt die originale Barther Bibel von 1588, die in einem abgedunkelten Raum und nur mit speziellem Licht hinter Glas betrachtet werden kann. In der obersten Etage wird gezeigt, wie sich Jugendliche kritisch und kreativ mit der Bibel auseinandergesetzt haben.

Sundische Straße 52
18356 Barth
Telefon 038231 / 77662

www.bibelzentrum-barth.de

ab 5 Jahre
Öffnungszeiten
Di bis So 10 bis 18 Uhr

Eintrittspreise
Erwachsene 3,50 €
Kinder (ab 2 J.) 3 €

Familienkarte
(2 Erwachsene, 3 Kinder) 13 €

Aufenthaltsdauer 1 bis 2 Stunden

Parken
kostenlos am Haus

Toilette

für Kinderwagen geeignet

Barther Vineta-Festtage

Trebin 35
18356 Barth
Theater
038231/66380
Kartenservice
03971/208925

www.vlb-anklam.de

ab 5 Jahre
Spielzeiten
erste und letzte Ferienwoche
von Mecklenburg-Vorpommern
ab 20 Uhr

Eintrittspreise von 8 bis 20 €

Spieldauer 2½ Stunden

großer Parkplatz
schräg gegenüber, abends kostenlos

Restaurant in unmittelbarer Nähe

Toilette

für Kinderwagen geeignet

Was nicht bekannt ist, darf vermutet werden! Die slawische Siedlung Vineta war angefüllt mit den Waren aller nordischen Völker und besaß alles Angenehme und Seltene. Eines Tages verschwand die Stadt, bis heute wird sie gesucht. Nachdem der findige Barther Bürgermeister Matthias Löttge 1998 ein Patent auf den Namen Vineta angemeldet hatte, gab es im darauf folgenden Jahr erstmals die Vineta-Festtage auf einer schwimmenden Bühne direkt am Hafen der Boddenstadt.

Seit 2009 erwartet die Besucher ein begehbares Vineta. Man betritt eine fantastisch-fremde Stadt, in der Händler ihre Waren anpreisen, Handwerker kunstvolle Gegenstände fertigen, Bettlerkinder ihrem Gewerbe nachgehen und Gaukler ihre Kunststücke vorführen. Und das alles auf Vinetisch!
Zur Verständigung bekommt man am Eingang einen kleinen Sprachführer, um einfache Worte wie „Tsunami“ und „Hunger“ radebrechen zu können, was den Erwerb von vinetischen Spezialitäten erleichtert.
Das Leben ist Theater ist Leben.
Das Stück ist eingebettet in diese Fantasiewelt und wird freundlicherweise simultan übersetzt, so dass man der Handlung folgen kann.
Gespielt wird das Drama ausschließlich von Amateurschauspielern aus Barth und Umgebung – und da man inzwischen leidlich vinetisch spricht, ist auch jeder Gast Teil dieser nicht mehr so fremden Welt.
Was nicht geglaubt wird, kann erlebt werden!

Barther Boddenbühne

Trebbin 35a
18356 Barth
Telefon 038231 / 66380
03971 / 208925

www.boddenbuehne.de

ab 5 Jahre
Spielzeiten ganzjährig

Eintrittspreise
je nach Platzgruppe
Erwachsene 7 bis 10 €
Kinder (bis 15 J.) 5 bis 6 €

Parken kostenlos

Snacks und Getränke
während der Pause

Toilette

für Kinderwagen geeignet

Das ehemalige Kulturhaus der Barther Zuckerfabrik ist heute eine Spielstätte der Vorpommerschen Landesbühne. Das Repertoire aus dem Mutterhaus, aber auch Konzerte, Gastspiele sowie Stücke für Kinder werden aufgeführt. Auch mehrere Amateurtheatergruppen sind hier zu Hause.

Im Sommer zieht das Ensemble zu den Barther Vineta Festtagen oder zu Klabautermanngeschichten auf die große Freilichtbühne im Hafen.

Die Alte Zuckerfabrik liegt direkt am Wasser neben den alten Speichern. Sie ist ein privates Museum. Mit der Ausstellung alter gepflegter Fahrzeuge kommen die Freaks nostalgischer Karossen auf ihre Kosten. Auf einer Fläche von 2 500 qm stehen Dreschmaschinen, alte Audis, Mercedes-Fahrzeuge, Autos von Skoda und VW nebeneinander.
Alle Wagen haben eine ganz persönliche Geschichte. So steht hier ein blauer 62iger VW Käfer, der nie im ehemaligen Westen zugelassen wurde, sondern nur in der DDR über die Straßen rollte. Von Museumsbetreiber Christoph Zechlin ist manche Kuriosität zu erfahren. Zum Beispiel die Geschichte des Mercedes-Leichenwagens der Vampirausstellung. Der sorgte mit einem ungewöhnlichen Unfall während des Transports für einigen Wirbel. Für Stunden war die A 9 blockiert, denn das ganze Gespann geriet ins Schleudern, die Zugmaschine lag demoliert auf der Seite. Diese und andere Geschichten, im Schatten des Ungetüms vom Museumschef erzählt, lassen bei den Zuhörern die Gänsehaut wachsen.

Die zweite Ausstellung informiert eindrucksvoll über den Untergang des Ozeanriesen Titanic.
Modelle des Dampfers, Bilder aus den Tiefen des Ozeans, Funksprüche und Interviews von Überlebenden gestalten die Zeitreise in die Vergangenheit emotional und kurzweilig.

Christoph Zechlin
Alte Zuckerfabrik
Lange Straße
18356 Barth
Telefon 038231/77382

ab 5 Jahre
Öffnungszeiten
April bis Oktober
täglich 10 bis 18 Uhr

November bis März
Sa, So 11 bis 17 Uhr

Dezember geschlossen

26. bis 30. Dezember
11 bis 17 Uhr

Eintrittspreise
Erwachsene 6 €

Kinder (ab 4 J.) 4 €

Familienkarte
(2 Erwachsene, 3 Kinder) 16 €

Aufenthaltsdauer 1 bis 2 Stunden

Parken kostenlos auf
öffentlichem Parkplatz

Toilette

Surfen, Baden, Skaten, Reiten an der Jugendherberge

An der Jugendherberge
18356 Barth/Glöwitz 1
Telefon 0179/8384127 (Surfen)
Telefon 0162/7616995 (Reiten)

www.wassersportzentrum-barth.de

ab 5 Jahre
Öffnungszeiten
Surfen Mai bis Oktober
10 bis 20 Uhr

Reiten täglich
10 bis 18 Uhr

Surfen
2 Stunden Schnupperkurs 25 €

Reiten
1 Stunde 15 €

Aufenthaltsdauer 2 Stunden

Parken
kostenlos an der Surfschule

Toilette

für Kinderwagen geeignet

Östlich der kleinen Stadt Barth, ungefähr drei Kilometer hinter der alten Zuckerfabrik, kann man an einem lauschigen Platz aktiv vielfältige Urlaubsfreuden genießen.
Je nachdem, was Kindern oder Erwachsenen gefällt, erwartet den Gast eine Badestelle mit seichtem Wasser, auf der Liegewiese kann man Volleyball spielen oder

Picknick machen. Die Sportlicheren wagen einen Schnupperkurs der kleinen Surfschule oder nehmen eine Reitstunde beim Pferdehof. Wer seine Skates dabei hat, zieht diese an und kann in Ruhe und Sicherheit in bezaubernder Landschaft ohne Autolärm und -gefahr über den Asphalt düsen. Zusätzlich findet man auf dem Gelände der nahen Jugendherberge zwei Streichelgehege mit Kaninchen, Meerschweinchen und Ziegen. Möglich ist es auch, die Kinder eine Zeit lang bei Pferd oder Surfbrett betreut zu wissen und selbst eine kleine Radtour zu unternehmen.
Andere sitzen am Bodden und lesen, während die Kinder oder Enkel ihre Muskeln und den Gleichgewichtssinn trainieren. Und schließlich kann man gemeinsam in ein Kanu steigen und die Boddenküste abpaddeln. Günstig an Wolken verhangenen Tagen, an denen kaum Wind weht. Bevor man sich für einen Ausflug hier entscheidet, sollte man allerdings Folgendes bedenken: Wer reiten möchte, braucht feste Schuhe mit kleinem Absatz, eine Reitkappe gibt es vor Ort.
Die Surfer können gegen Gebühr alles ausleihen.

Dabitz *Survival-Tour*

Das vielleicht letzte Abenteuer unserer Zeit: Bei einer Kanu-Tour kentern die Boote und die Abenteurer retten nur ein paar Sachen. Sie befinden sich abseits des nächsten Ortes mitten im Wald und müssen sich zu Fuß auf den Weg machen. Die Situation ist nur gestellt, aber immer mehr Leute finden es reizvoll, ohne Handy, ohne Campinganhänger, ohne Supermarkt in der Natur zu „überleben“. Sogar Familien mit Kindern sind verrückt nach solchen Survival-Touren.

Und Ricardo Kunz beweist, dass es möglich ist, mit minimalsten Zutaten Feuer zu entfachen, Essbares im Wald zu finden, Brot zu backen und eine Natur-Lagerstatt für die Nacht zu bauen. Selten wurden Kinder so eifrig wie bei diesen Tätigkeiten gesehen.

Ricardo Kunz
OUTandOUT Eventagentur
Boddenstraße 14
18314 Dabitz
Telefon 0170/5309317

www.outandout.de

ab 8 Jahre
Preise für Transport, Ausrüstung und Guide
Erwachsene 60 €
Kinder (bis 12 J.) 30 €

Tour jeweils für 3 bis 7 Leute

Aufenthaltsdauer 1 Tag

Parken kostenlos

Kenz *Wunderquelle und Kirche*

Pastor Gerber
Brunnenaue 11
18314 Kenz
Telefon 038231/2628

www.kirchen-im-ostseeland.de

ab 7 Jahre
Öffnungszeiten
Mo, Mi, Fr 8 bis 12 Uhr
Di, Do 14 bis 18 Uhr

Aufenthaltsdauer 1 Stunde

Parken
kostenlos an der Kirche

für Kinderwagen geeignet

Das heute eher bescheidene Kenz war einst eine sehr bekannte Wallfahrtstätte in Vorpommern und zwischen Graal Müritz und dem Seeheilbad Ahlbeck einer der ältesten Kurorte.
Ein Brunnenhaus neben einer wunderschönen Backsteinkirche erinnert daran. Vor diesem Brunnenhaus steht eine kleine Pumpe, täglich kommen Einheimische und Fremde hierher, um sich Trinkwasser zu holen. Dieses nämlich soll wunderbare Heilkräfte besitzen, wie zahlreiche historisch belegte Darstellungen in dem siebeneckigen Bau erklären.
Das alles zu beobachten, selbst am Wasser zu spielen und seine Trinkration für den weiteren Tag zu schöpfen ist ein Erlebnis ganz anderer Art. Es fordert auf, über die Natur nachzudenken. Die hohen Bäume am Kirchplatz wie auch die Ruhe des Ortes strahlen auf große und kleine Besucher aus. Die Kirche selbst glänzt mit ihren über die Region hinaus berühmten langen Buntglasfenstern. Ein bekannter pommerscher Graf, Herzog Barnim VI. (1365–1405) von Pommern-Wolgast, liegt hier begraben.

Starkow
Alter Pfarrgarten und Bienenstock

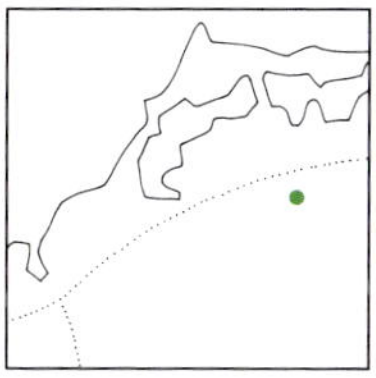

Gärten können zauberhafte Spuren sein, die Menschen hinterlassen haben, und im Gegensatz zum hektischen Alltag den Besucher zum Entspannen und Träumen anregen.
Der Pfarrgarten von Starkow wurde vor 200 Jahren angelegt und bis in die Gegenwart immer wieder verändert worden. Heute kümmert sich ein Verein um Obstbäume, Schatten spendende Sitznischen, Rosen und andere Pflanzenpracht – eine Anlage zum Schauen und Spielen. Ein altes Bienenhaus erzählt vom Fleiß der kleinen Tiere, große knorrige Obstbäume laden zum Naschen ein, der Gemüsegarten zeigt, was man zum täglichen Leben anpflanzte. Wem dieses zu wenig erscheint, darf seine Kinder ins Dorf laufen lassen.

Ein Bächlein, weidende Kühe, hübsche, mit Kunst geschmückte Gärten laden auf eine entspannte Entdeckungstour ein – keine Sorge, die Kinder bleiben dabei immer in Rufweite. Die alte Pfarrscheune wurde ausgebaut. Hier werden an einigen Wochentagen Kaffee und Kuchen angeboten.

Gerd Albrecht
Grafensteig 5
18469 Starkow
Telefon 038234/7968

www.backstein-geist-garten.de

ab 7 Jahre

Aufenthaltsdauer 1 Stunde

Parken
kostenlos an der Kirche

für Kinderwagen geeignet

Kaffee am Sonntag

36

Bodstedt

Hafen und Ausflug ins Hinterland

Fahrgastbetrieb Kruse und Voß
Hafenstraße 7
18347 Wustrow
Telefon 038220/588 oder
0172/3896090

Juni bis September täglich
Abfahrt Wieck/Darß 10 Uhr
Ankunft Bodstedt 10.30 Uhr
(mit Fahrradtransport)

Abfahrt Bodstedt 18.10 Uhr
Ankunft Wieck/Darß 18.45 Uhr

Aufenthaltsdauer 1 Tag

Schiffsmodelle und Objekte
Roland Wolff
Beughorst
18314 Kronsberg
Telefon 038227/407

Keramikwerkstatt
von Andrea Schlief
und Jan Mauersberger
Waldstraße 3
18314 Kronsberg
Telefon 038227/59943

Wer auf dem Darß Urlaub macht und für einen Tag der Quirligkeit der Ostseebäder entkommen möchte, kann einen sehr entspannten Fahrrad-Ausflug ins nicht minder reizvolle Hinterland machen. Der Traditionshafen Bodstedt ist klein und auch in der Hochsaison nicht überlaufen. Er ist Heimat von rund 30 historischen Zeesbooten. Von hier aus folgt der Radweg zunächst der Straße durch Fuhlendorf Richtung Westen.
In Herrmannshagen-Heide gleich am Ortseingang gegenüber der blauen Bushaltestelle links abbiegen. Es geht nun durch den Wald, immer auf dem Hauptweg entlang. Den zweiten Weg nach rechts abbiegen und dem Schild „Schiffsmodelle“ folgen.

Im einzigen Gehöft von Beughorst wohnt Roland Wolff. Er baut Schiffe aus Holz – Kunstobjekte, aber auch schiffbare Fahrzeuge. Wenn er arbeitet, kann man ihm in der Werkstatt über die Schulter schauen oder seine kleine Galerie besichtigen.

In Kronsberg befindet sich die Keramikwerkstatt von Andrea Schlief und Jan Mauersberger. Sie brennen ihre Gebrauchskeramik im Raku-Brand, einer sehr spektakulär aussehenden Brennmethode.
Dabei kann man nicht nur zusehen – auf Wunsch und nach Voranmeldung ist es auch möglich, als Besucher selbst das eine oder andere Stück zu formen oder auf der Scheibe zu drehen. Der Nachwuchs wird dabei sehr liebevoll mit einbezogen, das Paar hat selbst 4 eigene Kinder.

Wenn so langsam der kleine Hunger zwackt, empfiehlt sich gleich 2 km weiter in Herrmannshof ein kleiner Bioladen an der Straße – selbstgebackener Kuchen für die Eltern und ein Trampolin im Garten für die Kinder. Die „Alte Schmiede“ im Gutshof Hessenburg serviert zwar auch Fisch und Fleischgerichte, hat aber nur freitags bis sonntags geöffnet.

Je nach Verfassung und Tagesform bietet sich für den Rückweg alternativ die Hinstrecke oder aber der längere Weg über Lüdershagen, durch das Barther Stadtholz, über Pruchten zurück nach Bodstedt an.

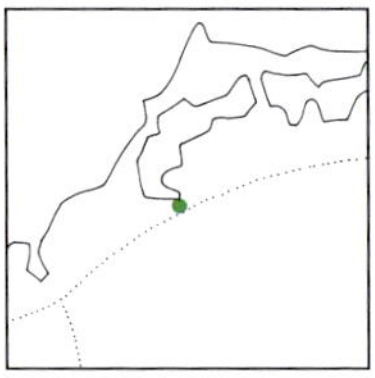

Ribnitz-Damgarten und Umgebung

Ribnitz-Damgarten

Deutsches Bernsteinmuseum

Im Kloster 1–2
18311 Ribnitz-Damgarten
Telefon 03821 / 2931

www.
deutsches-bernsteinmuseum.de

ab 5 Jahre
Öffnungszeiten
März bis Oktober
täglich 9.30 bis 18 Uhr

November bis Februar
Di bis So 9.30 bis 17 Uhr

Eintrittspreise
Erwachsene 6 €

Kinder (ab 4 J.) 2,50 €

Familienkarte
(1 Erwachsener und bis
zu 6 Kinder) 7 €

Aufenthaltsdauer 2 Stunden

Parken kostenpflichtig
am Museum

Souvenirshop

Imbiss

Toilette im Erdgeschoss

für Kinderwagen geeignet

Das Gold des Nordens erfährt in den alten Mauern des ehemaligen Klarissenklosters eine wunderschöne Präsentation. Auf über 1000 qm wurde hier Europas größte Bernsteinsammlung zusammengestellt. Um die Entstehung des hellgelb bis braunen Glücksbringers zu betrachten, muss man über 250 Millionen Jahre in der Erdgeschichte zurückgehen. Einprägsame Bilder der Ausstellung machen es den Besuchern leicht, sich in diese geologischen Prozesse auf der Erde hineinzudenken. Aus dem flüssigen Harz damaliger Bäume entstand im Laufe der Zeit der begehrte Schmuckstein, der sich bekanntlich auch nach herbstlichen Stürmen an der Ostseeküste finden lässt. Der Beruf der Bernsteinfischer ist heute natürlich nicht mehr gefragt, war aber vor 200 Jahren an der Küste verbreitet. Die zahllosen Ausstellungsstücke mit den vielfältigen Einschlüssen von Spinnen, Käfern oder Mücken fesseln Groß und Klein. Der Bernstein wird seit 10 000 Jahren zu Schmuck verarbeitet.
Bernstein schwimmt übrigens in salzigem Wasser und zieht Papierschnipsel oder Wollfäden an, wenn man ihn reibt. So kann man ihn leicht von anderen Steinen oder Glasscherben unterscheiden.

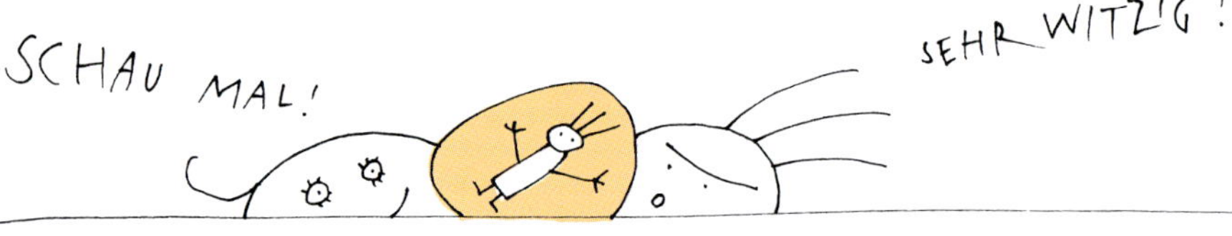

Die Manufaktur wurde 1992 aus einem Traditionsbetrieb der ehemaligen DDR gegründet. Sie befindet sich in einem architektonisch auffälligen Gebäude an der B 105 Richtung Stralsund. Wer Schmuck liebt oder sich für die Herstellung von Accessoires interessiert, kann hier eine kurzweilige Stunde erleben. Aus Bernstein wird natürlich viel mehr hergestellt, meist Kunstgegenstände wie Lampenver-

kleidungen, Schiffsmodelle, Brieföffner und dergleichen. Die Besucher können auf mehreren Etagen direkt in die Werkräume sehen und so die Fertigung eines Ringes oder Anhängers verfolgen. Unter fachkundiger Leitung und mit etwas Geschick darf jeder kleine und große Bernstein-Liebhaber sich seinen eigenen Anhänger oder Ohrschmuck allein herstellen. Dafür stehen mehrere Arbeitsplätze zur Verfügung. Die Mitarbeiter helfen selbstverständlich. Wer die Manufaktur besucht, sollte sich also nicht um das Vergnügen bringen, selbst Schmuckgestalter zu sein, und dafür Zeit einplanen. Im Eintrittspreis ist übrigens ein kleiner Obolus für einen rohen Bernstein enthalten.

Ostsee-Schmuck GmbH
An der Mühle 30
18311 Ribnitz-Damgarten
Telefon 03821/88580

www.ostseeschmuck.de

ab 5 Jahre
Öffnungszeiten
ganzjährig
Mo bis Fr 9.30 bis 18 Uhr

Sa 9.30 bis 16 Uhr

So und an Feiertagen geschlossen

Eintrittspreise
Erwachsene 3 €
(2 € Guthaben für den Kauf eines Bernsteins)

Kinder (ab 6 J.) 2 €
(1 € Guthaben)

Aufenthaltsdauer 1 bis 2 Stunden

Parken kostenlos am Haus

Souvenirshop

Imbiss

Toilette im Erdgeschoss

für Kinderwagen geeignet

Boddentherme

Körkwitzer Weg 15
18311 Ribnitz-Damgarten
Telefon 03821/30909961

www.bodden-therme.de

ab 3 Jahre
Öffnungszeiten
Mo 14 bis 22 Uhr (nur Sauna)
Di, Mi 14 bis 22 Uhr
Do bis So 10 bis 22 Uhr

Eintrittspreise
Erwachsene 7,50 €
(3 Stunden)
Kinder unter 1 Meter 1 €
(3 Stunden)
Kinder bis (16 J.) 6 €
(3 Stunden)

Aufenthaltsdauer
mindestens 2 Stunden

Parken kostenlos am Haus

Imbiss

Toilette

Das Sport- und Erlebnisbad punktet nicht mit seinen Ausmaßen, jedoch mit dem Angebot innerhalb der 650 qm Wasserfläche.
Wer warme Sprudel zum Entspannen sucht, wird sich hier wohlfühlen. Aber auch der sportliche Besucher kommt auf seine Kosten. Fünf 25 m-Bahnen und zwei Sprungbretter fordern Ausdauer, Kraft und Mut. Letzteren braucht man auch, um die 60 m-Rutsche in endlosen Schleifen in die Tiefe zu gleiten.

Viel Spaß bringen die Momente, wenn der Strömungskanal angeschaltet wird. Für Begeisterung sorgt ebenso das Wellenbecken mit 31 bis 32°C Wassertemperatur. Im Kinder- und Babybecken vergnügen sich die jüngsten Badegäste mit ihren Eltern.
Den Hungrigen bietet ein kleines Schnellrestaurant unterschiedliche Speisen und Getränke.
Selbst Kindergeburtstage werden hier ausgestattet.

Der Hafen von Ribnitz-Damgarten bietet natürlich in erster Linie maritimes Flair. Man kann Möwen füttern, Segelboote beschauen oder sich für eine Bootstour Richtung Prerow entscheiden. Den Hungrigen steigen die verlockenden Düfte von geräuchertem Fisch in die Nase. Derweil sich in dem einen oder anderen Seemannssehnsucht breitmacht, können die Kinder eigenem Vergnügen nachgehen. Ein großzügiger Spielplatz fordert beim Balancieren und Klettern nicht nur Fünfjährige heraus.
Ein ähnlich schöner Platz zum Verweilen befindet sich in der Nähe der Damgartener Kirche am Rande der Wiesen. Dort erwarten Klettertürme und eine Schiffschaukel mutige Kinder. Der Platz liegt ruhig, die Bänke unter hohen alten Bäumen werden von den Erwachsenen in Beschlag genommen. Hier stört kein Lärm, der stille Wiesenzauber wird höchstens durch das Läuten der Kirchenglocken unterbrochen.

ab Kleinkindalter

Aufenthaltsdauer 1 Stunde

Parken kostenpflichtig am Hafen, kostenlos bei der Kirche

Imbiss

für Kinderwagen geeignet

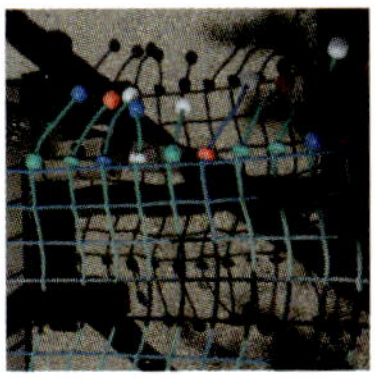

42

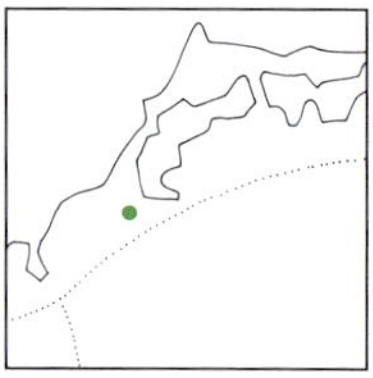

Klockenhagen *Freilichtmuseum*

Museumsverein e.V.
Mecklenburger Straße 57
OT Klockenhagen
18311 Ribnitz-Damgarten
Telefon 03821/2775

www.freilichtmuseum-klockenhagen.de

ab 4 Jahre
Öffnungszeiten April bis Oktober
täglich 9 bis 17 Uhr

Eintrittspreise
Erwachsene 3,50 €
Kinder (4–16 J.) 2 €
Schüler, Studenten 2,50 €
Familienkarte 9 €

Aufenthaltsdauer 1½ Stunden

Parken kostenlos

Shop

Restaurant „Up die Däl"

Toilette

für Kinderwagen geeignet

Von der Torscheune über eine typische Dorfkirche bis zur Bockwindmühle – das 60 000 qm große Freilichtmuseum zeigt, wie früher auf dem Land gewohnt und gelebt wurde.
Unter den 17 Häusern befindet sich auch ein Backhaus, von dem sich im Sommer samstags alle 14 Tage der verführerische Duft von frischgebackenem Brot verbreitet. Einige der Gebäude sind noch original eingerichtet und vermitteln einen direkten Blick in die Vergangenheit. Landestypische Haustiere bewohnen die Freianlagen.

Übers Jahr verteilt gibt es Museumsfeste wie das Tonnen- oder das Erntedankfest. Dann ist das gesamte Gelände von Trubel erfüllt: Folkloregruppen, Puppenspieler und Handwerker führen ihr traditionelles Gewerk vor.

ZIEH MICH HERAUS!

Neuheide
Natur-Schatzkammer und Paradiesgarten

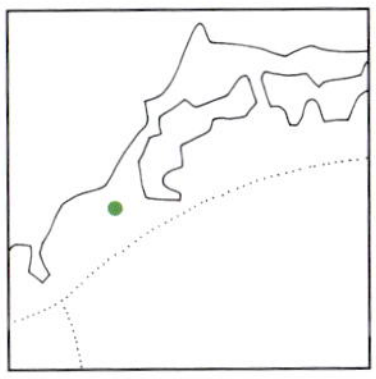

Was die Natur an Faszination bietet, ist hier als Abbild zu bewundern: Präparate von Vögeln und Säugetieren, exotische Schmetterlinge und Käfer. Riesengroß ist die Zahl der ausgestellten Edelsteine und Mineralien, von matt und unscheinbar bis verheißungsvoll funkelnd.
An die Ausstellung schließt sich der Paradiesgarten an. Im Sommer liegt der Duft von Rosen und Lavendel in der Luft und Schmetterlinge, die in großer Zahl um einige der Gewächse taumeln, sind ganz nah zu sehen. Interessant zu beobachten ist auch der Eingang eines Hornissenstaates, durch den die großen Insekten in sicherer Höhe ein- und ausfliegen. Das Innere mit den

Waben und den darüber hinweg krabbelnden Hornissen kann man – zum Anfassen nah, allerdings sicher hinter Glas – betrachten.

Im großen Museumsshop gibt es zum einen jede Menge Edelsteine und Schmuck zu kaufen, zum anderen ist es möglich, per Bildschirm einen Live-Blick in die Kinderstube des einheimischen Steinkauzes zu erhaschen.

Ribnitzer Landweg 2
18311 Neuheide
Telefon 038206/79921

www.
naturschatzkammer.m-vp.de

ab 3 Jahre
Öffnungszeiten Mai bis Oktober
täglich 10 bis 17 Uhr

November bis April
Di bis Fr 13 bis 16 Uhr
Sa 10 bis 17 Uhr
So 10 bis 12 Uhr

Eintrittspreise
Erwachsene 4 €
Kinder (3–13 J.) 2 €

Aufenthaltsdauer
mindestens 1½ Stunden

Parken kostenlos

großer Souvenirshop

überdachter Imbiss im Freien

Toilette

für Kinderwagen geeignet

PARADIESKAMMER!

SCHATZGARTEN!

44

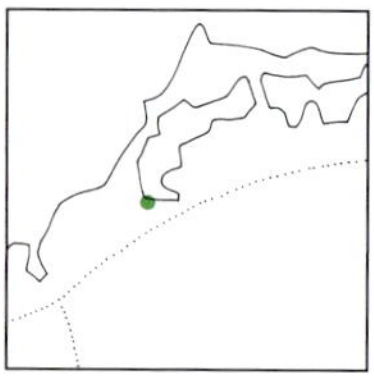

Körkwitz

Wasserski-Anlage und Wassertrampolin

Am Bernsteinsee 1
18311 Körkwitz
Telefon 03821/7094300

www.koerks.de

ab 7 Jahre
Öffnungszeiten
Oktober bis Ostern
12 bis 18 Uhr, wetterabhängig

Juni, Juli, August
Sa bis So und Feiertage
10 Uhr bis Sonnenuntergang
Mo bis Fr
11 Uhr bis Sonnenuntergang

Eintrittspreise
Erwachsene 1 Stunde 13 €
2 Stunden 19 €

Kinder (ab 7 J.)
1 Stunde 9 €
2 Stunden 12,50 €

Parken kostenlos am See

Aufenthaltsdauer
mindestens 2 Stunden

Imbiss

Toilette

für Kinderwagen geeignet

In einem ehemaligen Kiestagebau entstand der Bernsteinsee. Er befindet sich nur 5 km von Ribnitz entfernt, Richtung Prerow. Die Wasserskianlage wurde 2005 gebaut. Auf einem 850 m langen Rundkurs werden die Wasserskifahrer mit einer Geschwindigkeit von 29 km/h gezogen. Der Start erfolgt mit Unterstüt-

zung des Personals. Die gesamte Ausrüstung kann vor Ort gegen Geld ausgeliehen werden. Anfänger müssen damit rechnen, bei den ersten Startversuchen baden zu gehen.
Wasserski darf jedoch jeder fahren, der schwimmen kann und einigermaßen sportlich geschickt ist.

Körkwitz ist ein Tipp für die sportbegeisterte Familie. Im See befindet sich ein schwimmendes Trampolin. Neben dem hübschen Café wurde ein Spielplatz für die kleinsten Besucher und eine Minigolfanlage errichtet. Der See liegt idyllisch, ist von einem Schilfgürtel gesäumt und bietet klares Wasser.

Pütnitz *Technikmuseum*

Eine drei Kilometer lange Straße führt über ehemaliges Kasernengelände zur Ausstellung.
In den großen ausgedienten Flugzeughallen sind Fahrzeuge aus dem ehemaligen Ostblock zu sehen. Neben militärischem Gerät aller Art – vom Panzer über den Brückenleger bis zum Krankenwagen für das Gefechtsgelände – stehen zum Beispiel die Trabbis aller Baureihen fein säuberlich in einer Reihe.
Der Tschaika und der Wolga, Wartburg und polnische Fahrzeuge komplettieren die Ausstellung. Sogar ein Hubschrauber hängt an der hohen Decke der Halle. Er kann auch noch die Rotoren drehen. Auf dem Boden daneben steht das sogenannte Düngeflugzeug

der DDR, die ZLIN Z37 „Hummel", natürlich original orangefarben.
Wer sich über die Geschichte der einzelnen Ausstellungsstücke genauer informieren möchte, sollte den Ausstellungsleiter Torsten Meier fragen. Der kennt die Besonderheiten jedes Blechteils und deren Bedeutung. Wenn die Technikbegeisterung nicht abklingen will, können Quads für Groß und Klein gemietet werden. Auf richtigen hügeligen Sandpisten darf sich jeder ausprobieren.

Flugplatzallee
18311 Ribnitz-Damgarten
Telefon 0170 / 2235850

www.technikverein-puetnitz.de

ab 8 Jahre
Öffnungszeiten
April bis Juni
Mi bis So 10 bis 16 Uhr

Juli bis September
täglich 10 bis 18 Uhr

Oktober
Mi bis So 10 bis 16 Uhr

Preise
Erwachsene 5 €

Kinder (ab 6 Jahre) 3 €

Quad
Erwachsener ½ h 25 €
Kinder ab 5 €

Aufenthalt 1 Stunde

Parken kostenlos am Haus

Imbiss

Toilette

für Kinderwagen geeignet

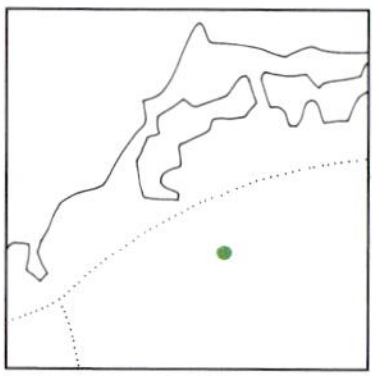

Marlow *Vogelpark*

Tiere von allen Kontinenten – vom winzigen Zebrafinken bis zum afrikanischen Strauß, vom Erdmännchen bis zum Känguru – wohnen in der 20 ha großen Parkanlage. Einige der Gehege sind für die Besucher sogar begehbar. Damit man auf Anhieb alles findet, bekommt jeder am Eingang einen

Kölzower Chaussee
18337 Marlow
Telefon 038221 / 265

www.vogelpark-marlow.de

ab Kleinkindalter
Öffnungszeiten
April bis Oktober
täglich 9 bis 19 Uhr

Juli und August
9 bis 20 Uhr

November bis April
täglich 10 bis 15 Uhr

Eintrittspreise Sommer
Erwachsene 10 €
Kinder 5 €
Familienkarte
(2 Erwachsene, 1 Kind) 25 €
jedes weitere Kind 3 €

Eintrittspreise Winter
Erwachsene 4€
Kinder 2,50 €
Familienkarte
(2 Erwachsene, 1 Kind) 10,50 €
jedes weitere Kind 1,50 €

übersichtlichen Plan in die Hand. Und es lohnt sich, zuerst die Fütterzeiten und Vorführungen zu studieren, um den Weg danach zu wählen.

Um 11 Uhr beginnt die erste Show der Greifvögel. Uhu, Adler und Geier fliegen beeindruckend dicht über die sich unwillkürlich duckenden Zuschauer hinweg. So groß hat man sich die majestätisch dahin gleitenden Vögel doch nicht vorgestellt …
Um 12.40 Uhr werden die Totenkopfäffchen gefüttert, um 13.30 Uhr folgt schon die Vogelshow. Hier kann man Roberto kennenlernen und sehen, was so alles in den Schlund eines Pelikans passt.
Und natürlich darf man die Fütterung der Pinguine nicht verpassen. Die flinken Frackträger sind nämlich nicht nur an der Oberfläche zu bewundern, sondern auch unter Wasser.

Aufenthaltsdauer mindestens 3 Stunden

Parken kostenlos

Souvenirshop

mehrere SB-Restaurants mit Spielplätzen

Toilette

Wickelmöglichkeit

für Kinderwagen geeignet

Besonders praktisch ist, dass es gleich an mehreren Stellen im Park Selbstbedienungsrestaurants gibt, mit jeweils angeschlossenem Spielplatz.
Außerdem warten diverse Baumhäuser und Seilpfade in lichter Höhe darauf, überwunden zu werden.
Und wo war noch gleich das Gehege mit den kleinen Ziegen, die heute bestimmt noch nicht genug gestreichelt worden sind …?

Bad Sülze *Salzmuseum*

Saline 9
Recknitzallee 1a
18334 Bad Sülze
Telefon 038229/80677

www.badsuelze.de

ab 9 Jahre
Öffnungszeiten
Mai bis Oktober
Di bis Fr
10 bis 12 und
14 bis 16.30 Uhr

November bis April
Di bis Fr, So 14 bis 16 Uhr

Preise
Erwachsene 3 €
Kind 1 €
Familienkarte 6 €

Aufenthaltsdauer ½ Stunde

Parken kostenlos am Haus

Imbiss
mit selbstgebackenem Kuchen

Toilette

Tipp:
Besuch des Dalienfestes
Anfang September

Bad Sülze wurde durch seine reichen Moor- und Salzvorkommen über die regionalen Grenzen hinaus bekannt. Das Wort Sülze bedeutet „Ort an der Salzquelle", die auch als Saline bezeichnet wird.

Das Heimatmuseum erzählt die Geschichte des Ortes, die untrennbar mit Torf und Salzgewinnung verbunden ist. Das Gebäude der Ausstellung war einmal Amtshaus der Großherzoglichen Saline. Salz zu kochen, war hier Privileg der Adelsfamilie. Ein Verein führt das Haus seit 1953. Ein Gradierwerk und die Herstellung von Speisesalz sind als Modell dargestellt.
Den Torf brauchte man übrigens auch zum Kochen der Sole. Bis 1906 wurde aus dem Salzwasser das kostbare Salz gewonnen.
Der Außenbereich des Museums ist dem ländlichen Charakter der Kleinstadt angepasst – Waschhaus, Backofen und Kaffee-Haus in der Scheune gehören dazu. Nach Anmeldung veranstalten die Vereinsmitglieder Waschtage wie zu Omas Zeiten. Auch der Brotofen wird angeheizt, wenn Gäste es wünschen.
Im gegenüberliegenden Park dreht die Feldbahn „Moorblitz" ihre Runden und wartet auf Gäste.

Paddeltouren sind etwas ganz Besonderes. Die hier angebotenen Ausflüge bestechen durch ihre Überraschungen. Hinter jeder Biegung bieten die Flüsse neue Eindrücke. Sowohl Recknitz als auch Trebel sind eher kleine Gewässer, die Ausflüge von 13 bis über 50 Kilometer Länge ermöglichen.
Die schmalen Flüsse sind wenig windanfällig und führen durch das wunderschöne Naturschutzgebiet der Urstromtäler. Wasserpflanzen, Seerosen, Schilf, Ried, Binsen sowie ab und an ein neugieriger Kuhkopf, der über das Ufer schaut, bieten garantierte Abwechslung. Experimentierfreudige Kinder sollten neben Brot, Getränken, Obst und Fotoapparat auch Wasserglas und Lupe mit ins Gepäck nehmen. Denn es ist spannend, Libellen, Wasserfloh und Flusskrebse genau zu betrachten. Je nach Wunsch können von Bad Sülze oder von einem anderen Ort längs der Flüsse aus die Touren gebucht werden. Für den Transport sind allerdings nochmals 20 € fällig.
Saline 7 hat am Montag Ruhetag, bietet dafür aber ein kleines Café mit frischem Kuchen an. Bei beiden Ausleihern ist eine Voranmeldung von einem Tag empfehlenswert.

JAM e.V.
Recknitzallee 1a
18334 Bad Sülze
Telefon 038229/70422

www.JAMweb.de

Saline 7
18334 Bad Sülze
Telefon 038229/80997

www.kanu7.de

Für beide Bieter gilt:

ab 5 Jahre
Öffnungszeiten
Mai bis September 8 bis 21 Uhr
Oktober bis April
nach Voranmeldung

Preise
1 Tag Kajak/Kanadier
15 € pro Person
20 € für zwei Personen

Aufenthaltsdauer
mindestens 3 Stunden

Parken kostenlos an den Stationen

Toilette und Dusche

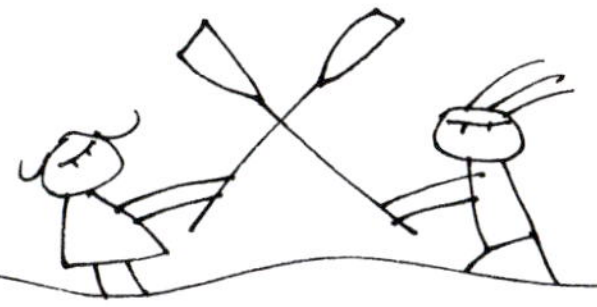

50

Tessin

Kinder-Spiel-Park „Alte Zuckerfabrik“

Erlebniszentrum
Alte Zuckerfabrik
Sülzer Straße
18195 Tessin
Telefon 038205/79017

www.tessin.de

ab Kleinkindalter
Öffnungszeiten
Di bis Fr 14 bis 20 Uhr
Sa, So und Feiertag
10 bis 20 Uhr

Eintrittspreise
Erwachsene (ab 18 J.) 3,50 €
ab 17.30 Uhr 1,50 €

Kinder 5,50 €
ab 17.30 Uhr 2,50 €

Zehnerkarte Kinder 40 €
Zehnerkarte Erwachsene 20 €

Aufenthaltsdauer 2 bis 4 Stunden

Parken kostenlos

Bistro „Zum Zuckersack“
auf der Balustrade

Toilette

Wickelmöglichkeit auf Nachfrage

für Kinderwagen geeignet

Die ehemalige Zuckerfabrik von Tessin bietet jede Menge Platz zum Spielen und Toben für alle Altersklassen. „Anfänger“ fühlen sich besonders wohl im gepolsterten Kleinkinderbereich. Die etwas Größeren können sich mit Trampolin-Springen, einer Ball-Schuss-Anlage oder auf der Wellenrutsche vergnügen.
Gokarts sind allerdings erst mit einem 50-Cent-Stück zu füttern, ehe sie kleine Rennfahrer etwa 4 Minuten umher flitzen lassen.
Richtig anspruchsvoll ist eine 300 qm große Kletterwand. Sie ist immerhin 13 m hoch und sollte nur mit Klettergurt und Sicherungsseil bestiegen werden. Tipp für den Winter: Eine große Spritzeisbahn ist Anlaufpunkt für alle Schlittschuhfans (November bis März). Tipp für den Sommer: Es gibt einen Kanuverleih zum Wasserwandern auf der Recknitz.

Das Schwimmbad des Freizeitzentrums ist 40 qm groß und hat eine Gegenstromanlage.
Ein separates Kinderbecken gibt es nicht, aber einen Whirlpool.
Um gemeinsam mit Kindern etwas zu unternehmen, wenn das Wetter vielleicht nicht so richtig mitspielt, eignet sich am besten ein Besuch der Kegelhalle mit 2 Bahnen.

Auf dem großen Freigelände gibt es außerdem eine große 18-Loch-Minigolf-Anlage. Kinder ab etwa 6 Jahren könnten sich durchaus schon am Familienwettbewerb um den geschicktesten Ball beteiligen.

St.-Jürgen-Straße 59b
18195 Tessin
Telefon 038205/66366

www.tessin.de

ab 4 Jahre
Öffnungszeiten
täglich 9 bis 22 Uhr

Eintrittspreise
Schwimmbad 1 Stunde
Erwachsene 3,50 €
(jede weitere Stunde 3 €)
Kinder (4–18 J.) 2 €
(jede weitere Stunde 1,50 €)
Familienkarte
(max. 5 Personen) 10 €

Kegeln
Mo bis Do
pro Stunde und Bahn 9 €
(beide Bahnen 13 €)

Fr bis So
pro Stunde und Bahn 10 €
(beide Bahnen 15 €)

Minigolf
1 Stunde
Erwachsene 1,50 €
Kinder (4–18 J.) 1 €

Aufenthaltsdauer
mindestens 1 Stunde

Parken kostenlos

Eis sowie heiße und
kalte Getränke an der Kasse

Gaststätte „Zum Schützen“
ca. 100 m entfernt

Toilette

für Kinderwagen geeignet

52

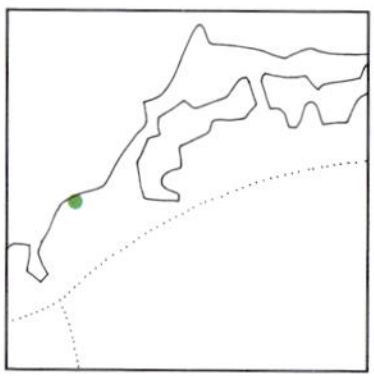

Rostocker Heide

Graal-Müritz *Aquadrom*

Parkstraße 19
18181 Graal-Müritz
Telefon 038206/87900

www.aquadrom.net

ab 3 Jahre
Öffnungszeiten
täglich 9 bis 21.30 Uhr

Preise
Erwachsene 1½ Stunden 6,50 €
Kinder 4,50 €

Aufenthaltsdauer
mindestens 1½ Stunden

Parken kostenlos am Haus

Imbiss

Feriengäste können auch an regnerischen Tagen das Vergnügen eines Bades in Salzwasser bei lauschigen Temperaturen genießen.
Denn das Aquadrom hat Ostseewasser „getankt".
Die Freizeitstätte stellt eine Kombination aus Spaß- und Sportbad dar. Wer es gern ruhig liebt, nutzt die 25 m-Bahnen. Wer Springen will, kann vom 1,50 m-Brett oder dem 3 m-Turm ins warme Blau hopsen, dass an dieser Stelle 3,85 m misst. Den kleinsten Gästen bietet ein kuschelig-warmes Planschbecken Badespaß.

Im Strömungskanal darf jeder unbeschwert nicht nur gegen, sondern auch mit dem Strom schwimmen.
Ein großzügig gehaltenes Außenbecken bietet Badefreu-

den unter den hohen und alten Bäumen der Parkanlage.
Die Sprudel- und Massagedüsen am Rande finden ständig ihre Liebhaber.
Wassergymnastik und Schwimmkurse können hier kurzzeitig gebucht werden. Und sollte jemand Badetuch oder -mantel vergessen haben: Es gibt auch einen Leihservice für diese Dinge.

Das besondere Fahrradvergnügen entspringt einer pfiffigen Unternehmeridee. Seit 1991 führt der Fachmann für Fahrräder Hans-Ulrich Thon diese besonderen Tretmobile aus Italien ein. Der EU-Import ist also kein Eigenbau und TÜV geprüft. Man kann ein Tandem oder ein Gefährt für vier Personen und zwei Kinder mieten.

Die Ausleihstation am Rhododendronpark befindet sich direkt am Küstenwald der Rostocker Heide, von hier bieten sich vielfältige Touren an. Entweder radelt man durch den Wald oder man entscheidet sich für eine Fahrt in den Ort. Ganz, ganz Mutige sollen sogar bis nach Rostock in die Lange Straße gefahren sein. Wer dieses plant, muss mit acht Stunden Fahrzeit rechnen. Der Eigner würde sich dann über ein Foto seines Gefährts auf Rostocks großer Magistrale freuen. Kleinkinder bis 3 Jahre können in einem vor dem Lenkrad befestigten Korb sitzen und genießen so nicht nur die Aufsicht der Eltern, sondern auch die beste Aussicht.

Zarnesweg 2
Am Rhododendronpark
18181 Graal-Müritz
Telefon 038206/79805

www.fahrraeder-thon.m-vp.de

ab 12 Jahre
Öffnungszeiten
Mai bis Oktober
täglich 9 bis 12.30
und 14 bis 18 Uhr

Preise
Tretmobil für vier Personen
10 € / Stunde
für 2 Personen 8 € / Stunde

Aufenthaltsdauer
mindestens 1 Stunde

Parken kostenpflichtig am Haus

Imbiss

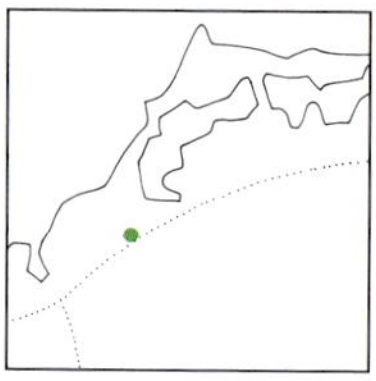

Gelbensande *Jagdschloss*

Am Schloss 1
18182 Gelbensande
Telefon 038201 / 475

www.jagdschloss-gelbensande.de

ab Schulalter
Öffnungszeiten
Mo bis Fr 10 bis 16 Uhr
Sa, So und an Feiertagen
14 bis 16 Uhr
Fr/Sa evtl. Hochzeiten

Eintrittspreise
Erwachsene 3 €
Kinder (3–10 J.) 1 €
Schüler und Studenten 2,50 €
Familienkarte 7 €
Audio-Guide 2 €

Aufenthalt ca. 1 Stunde

Parken kostenlos
ca. 2 Minuten Fußweg

Toilette

für Kinderwagen
im Erdgeschoss geeignet

Ganz idyllisch im Wald liegt das Schloss, das ab 1885 als sommerliches Jagdhaus der Mecklenburger Großherzöge erbaut wurde. Entsprechend dem romantischen Zeitgeschmack ist es reich verziert mit Türmchen, Gauben und Erkern. Im Inneren sind noch viele Möbel und Details aus der Erbauungszeit zu sehen. Auf die Jüngsten wartet eine Mal-Ecke im Erdgeschoss. Die größeren Kinder können Quiz-Fragen zum Schloss beantworten. Dieses gelingt denen, die aufmerksam durch die zwölf zu besichtigenden Räume streifen. Zur Belohnung gibt es am Ende eine kleine Aufmerksamkeit.

Rund ums Schloss bieten sich kleine Spaziergänge (15 bis 30 Minuten) an. Zum Beispiel zum Störtebeker-Berg, wo früher angeblich nach Schätzen gegraben wurde.

Wiethagen *Forst- und Köhlerhof*

Im Jahre 1837 erhielt der Köhler Johann Schütt die Genehmigung zum Bau der Teerschwelerei. Holzteer und -pech ist seit der Antike schon bekannt und wurde für den Schiffs- und Hausbau verwendet. Engagierte Forstleute retteten den historischen Köhlerhof 1984 vor dem Verfall und rekonstruierten den großen begehbaren Ofen, den man nun neben einer Ausstellung besichtigen kann.
Zu besonderen Anlässen wird der Teerschwelofen auch heute noch in Betrieb genommen, so dass man verfolgen kann, wie aus Holz Holzkohle entsteht.
Hinter dem Haus ist ein kleiner Märchenwald-Pfad angelegt worden, mit Figuren, die Kinder schnell erraten werden. Außerdem startet hier auch ein etwa 1,3 km langer Naturlehrpfad (ohne Eintritt), für alle, die noch einen schönen Spaziergang unternehmen möchten.

Wiethagen 13
18182 Rostock
Telefon 038202/2035

www.koehlerhof-wiethagen.de

ab 5 Jahre
Öffnungszeiten
April bis September
Di bis Fr 9 bis 17 Uhr
Sa und So 10 bis 17 Uhr

Oktober bis März
Di bis Fr 9 bis 16 Uhr
Sa 10 bis 17 Uhr

Eintrittspreise Erwachsene 3 €
ermäßigt 1,50 bzw. 2,50 €
Familienkarte 7 €

Gruppen 2,50 € pro Person

angemeldete Schulklassen
0,50 € pro Person

Aufenthaltsdauer ca. 1 Stunde

Parken kostenlos

Kioskbetrieb am Wochenende

Toilette

für Kinderwagen geeignet

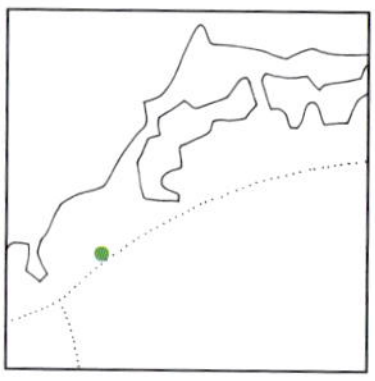

Rövershagen *Karl's Erlebnis-Dorf*

Purkshof 2
18182 Rövershagen
Telefon 0180/5006046

www.bauernmarkt.de

ab Kleinkindalter
Öffnungszeiten
Mai bis September
täglich 8 bis 20 Uhr

Oktober bis April
täglich 9 bis 19 Uhr

Eintritt frei

Aufenthaltsdauer
mindestens 2 Stunden

Parken kostenlos

Bauernmarkt

Restaurant und
viele Imbiss-Stände

separate Kinder-Toilette

Wickelmöglichkeit

für Kinderwagen geeignet

Unweit von Rövershagen, direkt an der B 105 Richtung Rostock gelegen, wurde ein Bauernhof zum riesigen Erlebnishof umgebaut, wo Groß und Klein auf ihre Kosten kommen. Fast ist es unmöglich, alles an einem Tag auszuprobieren.
Vier Spielplätze gibt es, eine Seilbahn und eine begehbare

Erdbeere, eine Hoppelburg, Hüpfkissen und eine Traktorbahn für das Kind im Manne. Dazwischen kann man altes landwirtschaftliches Gerät, eine Rattenküche und ein Erdbeermuseum besichtigen.
Die Kleinen werden schwer begeistert sein, wenn sie eine Runde auf einem Pony drehen oder kleine Ziegen streicheln dürfen. Und wie wäre es mal mit einem Wett-Melken zwischen Eltern und Kindern?

Für begrenzte Zeit können die Besucher selbst Erdbeeren pflücken (Juni), Sandskulpturen bestaunen (Mai bis Ende August) oder sich im Maislabyrinth verirren (Juli bis Oktober). Einmal im Monat gibt's Puppentheater in der Festscheune und jeden Tag um 15 Uhr eine Tiershow im „Am-Vieh"-Theater.

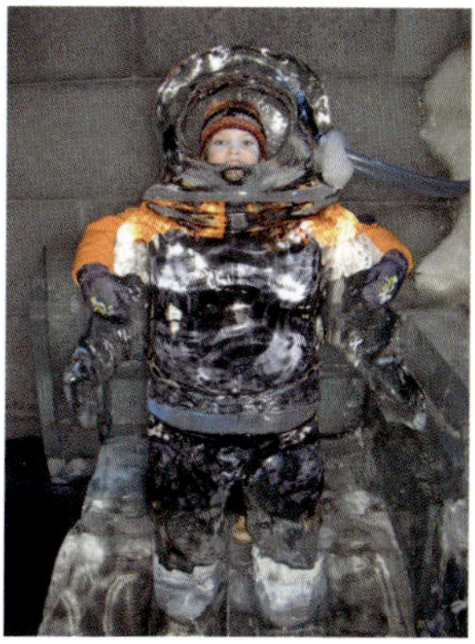

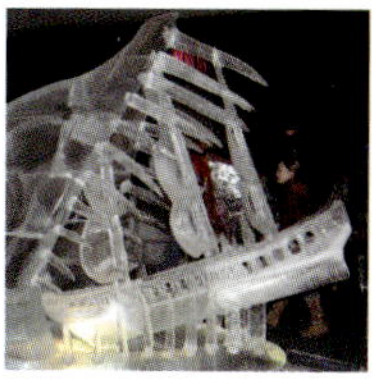

Eine große Zahl an Imbiss-Ständen lässt Hunger gar nicht erst aufkommen – nur die Entscheidung zwischen Rauchwurst und Erdbeertorte oder Backfisch und Flammkuchen fällt schwer.

Tipp für den Winter: Vom 25.12. bis Anfang März findet die „Eiszeit" statt. Künstler aus dem In- und Ausland gestalten in mehrwöchiger Arbeit eine phantastische eisige Welt mit Skulpturen, Brücken, ja selbst ganzen Bauwerken aus Blöcken von Eis. Wer sie erleben möchte, sollte sich warm anziehen, denn es herrschen Temperaturen von deutlich unter 0 Grad. Außerdem gibt es eine kleine Eisfläche zum Schlittschuhlaufen (Ausleihe der Schuhe ist kostenlos). Übrigens: Die personengebundene Eintrittskarte gilt für die gesamte Dauer der „Eiszeit".

Graal-Müritzer-Straße
18182 Rövershagen
Telefon 038202 / 29979

www.kabarett-kerzenscheune.de

ab 5 Jahre
Öffnungszeiten
1. Februar bis 9. Januar
Di bis So 10 bis 18 Uhr

Preise
1 kg Wachs 10 €
Kerzenpaar ca. 150 g 1 €
Dochtpaar kurz 0,10 €
Dochtpaar lang 0,15 €

Aufenthaltsdauer
mindestens 1 Stunde

Parken kostenlos am Haus

Souvenirshop

Imbiss regionale Produkte

Toilette

Auf dem Dachboden des alten Gemäuers direkt an der Straße von Rövershagen nach Graal-Müritz werden Kerzenträume wahr. Kinder können allein oder gemeinsam mit den Erwachsenen Kerzen nach Größe und Farbe selbst fertigen.
Dabei werden die Dochte in Wachs getaucht, kurze Zeit getrocknet und gehärtet und dann wieder in die Wachstonne hineingesenkt. Dieses Verfahren stellt für unruhigen Nachwuchs eine schöne Geduldsprobe dar, dauert das Prozedere doch nicht allzu lang. Der Erfolg wird sofort sichtbar: Kerzen in 12 verschiedenen Farben können gefertigt werden. Nach rund 45 Minuten, je nach Stärke der Kerze, ist das Produkt vollendet.

Wer dafür keine Geduld aufbringt, kann rohe Kerzen kaufen und diese anmalen. Das dauert garantiert nicht mehr als 10 bis 15 Minuten. Im Parterre des Hauses gibt es allerlei für den hungrigen Magen, Süßes und Herzhaftes wird in rustikaler Atmosphäre angeboten. Da die Scheune sich der Kleinkunst verschrieben hat, kann man sich hier auch gleich für ein Abendprogramm entscheiden.

Markgrafenheide
Kletterwald Hohe Düne

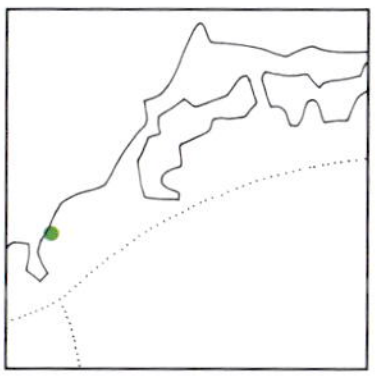

Schwimmen und klettern haben eines gemeinsam – es beansprucht den ganzen Körper! Der Kletterwald Hohe Düne liegt direkt an der Ostsee, man ist mit wenigen Schritten aus dem Wasser und in den Bäumen. Je nach Konditionierung kann jeder, ob jung oder alt, das Maß seines Mutes bestimmen. Die sechs Parcours sind in ihren Schwierigkeitsgraden geschickt gestaffelt und gehen von „Spaß" bis „Risiko".
In ein bis zwei Meter Höhe über dem Waldboden findet die Grundausbildung für die Kleinsten statt, in Höhenlagen bis zu zehn Metern entwickelt sich für die Großen das „Tarzan-Gefühl"! Bildzeichen zeigen, wie man die Elemente zu nehmen hat, bei Schwierigkeiten hilft geduldiges und speziell geschultes Personal. Insgesamt 94 Kletterelemente fordern Konzentration und Action, Kondition und Transpiration.
Immer mit dabei ist der Spaß. Von Baum zu Baum zu schwingen, an Seilbahnen durch den Wald zu rasen, zwischen Bäumen zu surfen und Sprünge über 10 Meter ins Netz zu wagen löst manch einen Freudenschrei aus! Und wenn man dann am Ende des Parcours so richtig glücklich und durchgeschwitzt ist, hüpft man von den Bäumen und taucht wieder in die Ostsee. Eine richtige Tarzan-Familie kann nun eben beides gut: Klettern und Schwimmen!

Warnemünder Straße 20
18146 Markgrafenheide
Telefon 0162 / 4109349

www.kletterwald.de

ab 5 Jahre
Öffnungszeiten
19. Mai bis 14. September
täglich 9.30 bis 19.30 Uhr

20. März bis 18. Mai und
15. September bis 2. November
Di, Fr bis So und Feiertag
10 bis 19 Uhr

letzter Einlass
2 Stunden vor Schließung

Eintrittspreise
Erwachsene 15 €
Jugendliche 12 €
Kinder (bis 12 J.) 9 €

Familienkarten:
2+1 (2 Erwachsene und 1 Kind/ Jugendlicher) 33 €
2+2 (2 Erwachsene und 2 Kinder oder 1 Kind und 1 Jugendlicher) 40 €
1+2 (1 Erwachsener und 2 Kinder) 28 €
1+3 (1 Erwachsener und 3 Kinder) 33 €

Aufenthaltsdauer 2 Stunden

Parken kostenpflichtig
(3 Stunden 2 €, ganztags 5 €)

Toilette

Imbiss

Rad fahren in der Rostocker Heide

Stadtforstamt
18182 Wiethagen
Telefon 038202/404-0

www.rostock.de

ab 4 Jahre
Öffnungszeiten Forstamt
Dienstag 9 bis 12 Uhr und
13 bis 17 Uhr

(Führungen absprechen)

Das Waldgebiet vor den Toren der Hansestadt stellt ein ideales Terrain für Radtouren dar. Buchenhaine, dichter Nadelwald, Wiesen mit Erlenbeständen und Moore bieten zu jeder Jahreszeit wunderschöne Naturerlebnisse. Dabei kann man je nach körperlicher Fitness die Strecken in unterschiedliche Schwierigkeitsgrade einteilen. Immerhin stehen zwischen Hohe Düne am Ostufer der Warnow und Graal-Müritz über 60 km ausgebaute Radwege zur Verfügung. Der Wald ist aber auch von anderen gut zu befahrenden Schneisen durchzogen.
Da die Steigungen minimal sind, bereitet es höchstens etwas Mühe, auf den sandigen Abschnitten einiger Waldwege in die Pedale zu treten.

Ein gutes Trekking-Rad vergrößert den Fahrspaß natürlich. Im Sommer kann man außerdem seine Pausen so einrichten, dass ein erfrischendes Bad in der See für Entspannung sorgt.
wIn dem über 6 000 ha großen Wald trifft man allenthalben auf Gedenksteine, Kreuze oder besondere Bäume. Die Borwineiche ist so ein Baum: Vor einigen Jahren musste die leider abgestorbene 500-jährige Eiche durch eine neue ersetzt werden. Aber auch diese erinnert
an den ursprünglichen Waldbesitzer, Herzog Borwin, der den Forst 1252 an Rostock verkaufte.

Tourenvorschlag 1
ca. 20 km

Warnow Fähre
nach Schnatermann
und zurück

Tourenvorschlag 2
ca. 35 km

Warnow Fähre
nach Graal-Müritz
und zurück

Rostock, Warnemünde und Umgebung

Rostock *Kulturhistorisches Museum im Kloster zum Heiligen Kreuz*

Klosterhof 7
18055 Rostock
Telefon 0381 / 2035910

www.kulturhistorisches.
museum@rostock.de

www.rostock.de

ab 4 Jahre
Öffnungszeiten
Di bis So 10 bis 18 Uhr

freier Eintritt

Gruppenführungen
30 € / Gruppe

Aufenthalt 1 bis 3 Stunden

Parkhaus
kostenpflichtig nach Parkdauer in der Rostocker Innenstadt

Galerie

Restaurant

Toilette im Kloster

Papa nennt Mama manchmal seine Muse. Aus Musenküssen entstehen Kinder und Kunst. Die einen kommen in die Schule, die anderen ins Museum.

Der Legende nach wurde das Zisterzienserkloster in Rostock von der dänischen Königin Margarete im Jahre 1270 gegründet. Als eine der wenigen vollständig erhaltenen Klosteranlagen im Land ist es seit 1980 Hauptsitz des Kulturhistorischen Museums.

In die Vergangenheit zu schauen ist immer ein Abenteuer: Spielzeug, Keramik, Münzen und Medaillen, Glas, Uhren, Malerei und Grafik erzählen Geschichten!

Geschichten aus der hanseatischen Vergangenheit, Geschichten des städtischen Handwerks und Geschichten von Oma und Opa. Man kann sich ansehen, womit sie spielten und Steckenpferd sowie Stelzen im Klosterhof ausprobieren.
Der Spielplatz unter Apfelbäumen ist für die Großen zum Ausruhen und für die Kleinen zum Toben.
Den Apfelsaft gibt es im Café Kloster.
An warmen Abenden findet im Klostergarten Sommertheater statt. Die Compagnie de Comédie und Gäste spielen vom Juni bis August auf der kleinen Bühne und unter freiem Himmel.
Die neun griechischen Göttinnen der Künste tanzen ihren Reigen, die zehnte Muse aber zwinkert Papa zu ...

Spielplatz am Wall

ab 3 Jahre

Aufenthaltsdauer
1 Stunde

Parken kostenpflichtig
in der Innenstadt

Wer etwas pflastermüde vom Laufen durch die Rostocker Innenstadt geworden ist, kann unmittelbar neben dem Kröpeliner Tor eine kleine Oase der Entspannung genießen. Mitten in den Wallanlagen befindet sich ein kleiner Spielplatz zum Herumtollen und Klettern. Sein Ausblick richtet sich auf einen See, der von Büschen und hohen Bäumen umsäumt ist. Darum herum führt ein schöner Spazierweg. In dem klaren Wasser tummeln sich Fische, schwimmen Stockenten und Blesshühner. Alles ist wunderbar zu beobachten. Die Erwachsenen können derweil in aller Seelenruhe auf einer der Parkbänke verschnaufen und haben dennoch ihre Kinder im Blick.
Die Stadtbefestigung stammt zum Teil noch aus dem 13. Jahrhundert, wurde mehrfach modernisiert und ist in ihrem fragmentarischen Zustand immer noch ein eindrucksvolles Beispiel von Wallanlagen mit Toren und Wehrgang.

Eine Spiel-Oase mitten in der Stadt, nur ein paar Meter vom Doberaner Platz entfernt. Im ersten Augenblick erscheint die Grundfläche von etwa 300 qm etwas klein, aber da sich das Kletter-Labyrinth über mehrere Etagen in die Höhe erstreckt, können im Kinderclub doch eine große Menge Kids toben. Das Angebot reicht von einem Bereich für die ganz Kleinen, über Rutschen und Bällchenbad bis zu einem Lerncomputer, Trampolin und Kletterwand

für die etwas Größeren. Die Eltern können mitspielen oder es sich wahlweise im Café und Internet-Raum bequem machen. Letzterer liegt in luftiger Höhe in Sichtweite zu den Spielgeräten – eine wunderbare Alternative bei schlechtem Wetter und nicht nur dann.

Barnstorfer Weg 4
18057 Rostock
Telefon 0381/3644600

www.rostocker-kinderclub.de

ab 1 Jahr
Öffnungszeiten
Mo 14 bis 19 Uhr
Di, Do, Fr 10 bis 19 Uhr
Mi 9 bis 19 Uhr
Wochenende, Ferien, Feiertage
10 bis 20 Uhr

Eintrittspreise
Erwachsene 2,00 € (1 Stunde)
3,00 € (Tageskarte)

Kinder (von 1–3 J.) 2,50 €
4,50 € (Tageskarte)

Kinder (ab 4 J.) 3,50 €
5,50 € (Tageskarte)

Kinder ab 10 J. ohne Begleitung
(mit Vollmacht der Eltern)
6,30 € (plus ein Getränk)

Aufenthaltsdauer 2 Stunden

Parken kostenpflichtig
Parkhaus Doberaner Platz

Café/Bistro

Toilette

Wickelmöglichkeit

für Kinderwagen geeignet/
Abstellmöglichkeit

Extra-Angebot
für Kindergeburtstagsfeiern

Tipp: gut mit öffentlichen
Verkehrsmitteln zu erreichen

Volkstheater

Patriotischer Weg 33
18057 Rostock
Telefon 0381/3814700
(Kasse)

www.volkstheater-rostock.de

ab 5 Jahre
Öffnungszeiten Kasse
Mo 13 bis 18 Uhr
Di bis Fr 10 bis 18 Uhr
Sa 10 bis 13 Uhr

Eintrittspreise Kinderstücke
8 bis 10 € Erwachsene
4 bis 5 € Kinder

Großes Haus
15 bis 27 € Erwachsene
12 bis 22 € Kinder

Aufenthaltsdauer
mindestens 1½ Stunden

Parken kostenpflichtig

Bistro

Toilette

Ob Schauspiel, Konzert oder Ballett, das Rostocker Volkstheater ist ein Dreispartenhaus. Es werden traditionelle und neue Stücke aufgeführt. Häufig stehen Künstler eines bestimmten Landes im Mittelpunkt des Spielplans.
„Schwanensee" oder „Carmen" gehören zum Standardrepertoire genau so wie „Die Katze auf dem heißen Blechdach" oder bekannte Kinderstücke wie „Der Zauberer der Smaragdenstadt", „Herr der Diebe" und „Rettet Mama!"
Überhaupt widmet das Volkstheater viel Aufmerksamkeit dem jungen Publikum. Kinder- und Familienkonzerte beginnen um 9 oder um 11 Uhr vormittags oder spätestens 18 Uhr am Abend. Zu Führungen durch das Haus, die die Turbulenzen hinter den Kulissen vor einer Aufführung miterleben lassen und die unmittelbar vor einem Theaterabend stattfinden, kann man sich anmelden.
Das Theater bietet Unterhaltung im besten Sinne.
Das traditionsreiche Haus spielt in Rostock außerdem am Stadthafen und in Warnemünde auf der Kleinen Bühne.

Die Petrikirche ist mit 117 m nicht nur die höchste, sondern auch die älteste Kirche von Rostock. Nach sehr wechselvoller Geschichte wurde 1994 als Endpunkt umfangreicher Sanierungsarbeiten endlich der historische goldene Wetterhahn auf den wieder aufgebauten Turmhelm gesetzt. Ein besonderes

Erlebnis ist die Turmbesteigung. Von der 55 m hohen Plattform hat man einen traumhaften Blick über die gesamte Stadt, den Hafen und sogar bis Warnemünde. Ganz Faule, denen die 196 Stufen zu beschwerlich sind, können die Aussichtsplattform übrigens auch per Lift erreichen.

Spannend sind Nachtwächterführungen, die bei St. Petri beginnen. Dabei erzählt der gute Mann Anekdoten aus seinem anstrengenden Alltag im Mittelalter und der Stadtgeschichte.

Tipp: Nicht weit von der Kirche gibt es im Gerberbruch einen hübschen, neu gestalteten Spielplatz mit Schaukelgestell und Klettertürmen samt Seilnetzbrücken.

St. Petri
18055 Rostock
Telefon 0381 / 21101

www.petrikirche-rostock.de

ab 4 Jahre
Öffnungszeiten
Juni bis August
täglich 10 bis 19 Uhr

September und Oktober,
April und Mai
täglich 10 bis 17 Uhr

November bis März
täglich 10 bis 16 Uhr

Aufenthaltsdauer ½ Stunde

Parken kostenpflichtig
in der Umgebung

Toilette

für Kinderwagen geeignet
(Kirchenschiff)

Kanuverleih und Flussbad

Kanuverleih Lindstädt
Mühlendamm 35 b
18055 Rostock
Telefon 0381 / 49237684

Kanu, Rad und Reisen
Mühlendamm 35 b
18055 Rostock
Telefon 0160 / 6331481

www.wanderer-aktivtour.de

ab 5 Jahre
Öffnungszeiten
Mai bis Oktober täglich 9 Uhr bis Sonnenuntergang

Eintrittspreise
Lindstädt
Kajak für zwei Personen
4 €/ 1 Stunde
Kanadier für zwei Personen
4 €/ 1 Stunde

Kanu, Rad und Reisen
Kajak
5 €/ 1 Stunde (2 Personen)
Ruderboot 5 €/ 1 Stunde

Aufenthaltsdauer
mindestens 2 Stunden

Parken kostenlos

Toilette

kleine Kneipe

Der obere Lauf der Warnow erstreckt sich über 100 km durch zauberhafte und sehr reizvolle Landschaften. Manchmal kann man Biber beobachten, den Eisvogel dürften stille Wasserwanderer jedoch häufiger entdecken. Darum ist es sinnvoll, ein Fernglas mit im Gepäck zu haben. Beide Verleihstationen befinden sich in unmittelbarer Nachbarschaft zum ältesten öffentlichen Bad von Rostock, dem Fluss- und Sonnenbad. Ein Unternehmen bietet zusätzlich Ruderboote an, mit denen man gemütlich im weit herübergrüßenden Schatten der Nikolai-Kirche an den Bootshäusern entlang gleiten kann.
Im Allgemeinen sind genügend Boote vorhanden. Allerdings werden Wasserwandertouren immer beliebter und an sonnigen Tagen sind deshalb oft alle 80 Kajaks, Kanadier oder Ruderboote unterwegs. Darum wäre auch eine telefonische Voranmeldung sinnvoll.
Das öffentliche Bad hält einen hübschen Spielplatz bereit. Es verfügt über Plansch-, Nichtschimmer- und Schwimmerbecken und hat auch einen drei Meter hohen Sprungturm.

Biestow liegt südwestlich am Stadtrand von Rostock und strahlt die Atmosphäre eines gepflegten Dorfes aus. Die Anfahrt zum Reiterhof führt über einen schmalen Asphaltweg, an dessen Seiten die Pferdekoppeln zu sehen sind.
Der Reiterhof selbst verfügt über einen komfortablen Reitplatz und eine großzügige Reiterhalle. Wer die Freude am Pferd in den Ferien genießen möchte, sollte sich allerdings anmelden. Nur so ist sicherzustellen, dass ein Reitlehrer Unterstützung geben kann.

Vielleicht findet sich sogar eine kleine Reitgruppe, in die man sich einklinken möchte. Das ist abhängig von den eigenen Reitkünsten. Es gibt vom Pony bis zum ausgewachsenen Wallach Pferde jeder Gangart und Größe.
Die Tiere sind gut geführt und wirken sehr ausgeglichen. Für den Spaß auf dem Pferderücken sollten Reitkappe, bequeme Hosen (eine Jeans scheuert unter Umständen im Schritt) und feste Schuhe mit kleinem Hacken mitgenommen werden.
Über 30 Jahre lebten freie und „wilde" Ponys aus dem Reiterhof Biestow auf der Greifswalder Oie. Seit 2005 haben Heidschnucken dort die Landschaftspflege übernommen.

Ludwig Ließfeld
Damerower Weg 8
18059 Rostock
Telefon 0381 / 44441928
0175 / 2874981

www.fohlenhof-biestow.de

ab 5 Jahre
Öffnungszeiten
täglich nach Vereinbarung

Eintrittspreise
Reitstunde Gruppe
45 Minuten 15 €

Einzelstunde
45 Minuten 25 €

Aufenthaltsdauer
mindestens 2 Stunden

Parken kostenlos

Toilette

Imbiss

Rennbahnallee 21
18059 Rostock
Telefon 0381 / 2082-0

www.zoo-rostock.de

ab Kleinkindalter
Öffnungszeiten
November bis März
9 bis 17 Uhr
(Kassenschluss 16 Uhr)
Eingang vom Barnstorfer Ring
(vom Parkplatz)

April bis Oktober
9 bis 19 Uhr
Eingang Trotzenburg zusätzlich geöffnet
(günstig bei Anfahrt mit ÖPNV)

Eintrittspreise Tageskarte
Erwachsene 11 €
Schüler / Kinder (3–16 J.) 6 €

Combicard
1 bis 2 Erwachsene und
2 bis 3 Kinder (3–16 J.)
21 bzw. 31 €

Aufenthaltsdauer

Er ist einer der größten Zoos in Norddeutschland und viele der Tiere sind in großzügigen Freigehegen untergebracht. Damit die Kleineren der Besucher nicht irgendwann vor der Weite des Geländes kapitulieren, können am Eingang bunte Bollerwagen ausgeliehen werden. Dann kann – mit einer Zoo-Orientierungskarte ausgestattet – die Entdeckungsreise durch die Welt einheimischer und exotischer Tiere beginnen: Gorillas und Geparden, Kängurus und Kapuzineräffchen, Eisbären und Elefanten, Krokodile und Pelikane … alle wollen besucht werden.

Besonders beliebt sind die öffentlichen Tierfütterungen, nach denen sich durchaus die Route auszuwählen lohnt. Pinguine speisen beispielsweise um 10 und 15.15 Uhr, Seebären und Seehunde um 11 und 14 Uhr, Zebras um 15 Uhr sowie die Elefanten um 15.45 und 17.30 Uhr.

Zwischendurch bietet sich immer wieder jede Menge Abwechslung für alle Altersgruppen: In den Streichelgehegen bei den Zwergziegen und Lamas ist sogar Füttern ausdrücklich erlaubt.
Und was tun bei ausgelassenem Bewegungsdrang?

Da wären der Spielplatz am Elefantenhaus, die Arche, ein Waldspielplatz mit Baumhäusern und der Kletterwald am Bartaffengehege.

Thematische Führungen (ab 6 bzw. 8 Jahre) lassen die Zootiere noch einmal auf intensive Art zum Erlebnis werden – ob mit detektivischer Spürnase oder auf „Tümpeltour". Im Übrigen lässt sich im Zoo auch auf unterhaltsame und lehrreiche Weise Geburtstag feiern.

mindestens 3 Stunden bis zu einem ganzen Tag

Parken (3 € pro Tag) am Barnstorfer Ring, direkt am Eingang

Ausweichparkplätze am Verwaltungsgebäude Rennbahnallee (5 Minuten Fußweg)

Westfriedhof (10 Minuten Fußweg)

ÖPNV
Straßenbahnlinien 3 und 6
Buslinie 28

Zoo-Shop

4 Cafés und SB-Restaurants, darunter das "Kindertraumland"

Toiletten

Wickelmöglichkeit

für Kinderwagen geeignet

Neptunschwimmhalle

Kopernikusstraße 17 a
18057 Rostock
Telefon 0381/3816850

www.rostock.de

ab 3 Jahre
Öffnungszeiten
Mo 6 bis 7.30 Uhr
18 bis 20 Uhr

Di 19 bis 22 Uhr

Mi 6 bis 7.30 Uhr
20 bis 22 Uhr

Do 12 bis 14 Uhr
20 bis 22 Uhr (Frauen)

Fr 6 bis 7.30 Uhr
13 bis 15 Uhr

Sa 8 bis 12 Uhr
14 bis 18 Uhr

So 8 bis 12 Uhr
13 bis 15 Uhr

21. Juli bis 31. August geschlossen

Eintrittspreise
Erwachsene 3,50 €/Stunde
Kinder 1,75 €/Stunde

Lehrschwimmhalle
Erwachsene 2,50 €/Stunde
Kinder 1,50 €/Stunde

Aufenthaltsdauer 2 Stunden

Parken kostenpflichtig am Haus

Toilette

Wickelmöglichkeit

Wer in die Neptunschwimmhalle kommt, erlebt echte Wettkampfatmosphäre. Die Anlage wird für den Hochschulsport sowie für nationale und internationale Wettkämpfe genutzt.
Die Halle wurde vor rund 50 Jahren für den Schwimmsport errichtet, darum gibt es Ränge für Zuschauer. Man kann sich für die 25 m-Distanz entscheiden und schwimmt dann auf der europaweit schnellsten Bahn oder das 50 m-Becken wählen. Die Mutigen wagen einen Sprung vom 5 m-Turm.

Für diejenigen, die erst Schwimmen lernen wollen, gibt es die Lehrschwimmhalle mit einem Nichtschwimmerbecken. Der Umkleidebereich ist übrigens noch strikt nach Mädchen und Jungen getrennt.

Die Eishalle ist das größte Eisstadion Mecklenburg-Vorpommerns und außerhalb der Trainingszeiten regelmäßig für die Öffentlichkeit geöffnet. Eine wunderbar große Eisfläche lockt große und kleine Fans auf die Kufen. Völlig egal, ob die einen sich erst zaghaft ans Gleiten gewöhnen oder die

anderen schon gewagtere Pirouetten nach der Musik drehen.
Zu den Wischzeiten müssen alle die Bahn verlassen, da die Eismaschine dann das Eis erneuert. Zum Glück steht im Foyer auch eine Eismaschine – die in der „Zwangspause" Eis am Stiel ausspuckt. An der Bar gibt es zusätzlich kleine Snacks und Getränke.
Einmal im Monat steigt übrigens das Mitternachtseislaufen, eine Party auf Kufen mit neuesten Disco-Hits von 20 bis 4 Uhr (Eintritt 5 €).

Schillingallee 51
18057 Rostock
Telefon 0381/491990 und 2007722

www.eishalle-rostock.de

ab 4 Jahre
Öffnungszeiten
September bis Ende März
Mi 19 bis 23 Uhr
Sa 10 bis 22 Uhr
So 10 bis 18 Uhr

Sonderöffnungszeiten während der Schulferien

Eintrittspreise
Erwachsene 5 €
Kinder (bis 12 J.) 3 €

Schlittschuh-Ausleihe 3 €

Schlittschuh-Schleifen 5 €

Aufenthaltsdauer
mindestens 2 Stunden

Wischzeiten der Eismaschine:
Mi 20:30 Uhr
(jeweils rund 45 Minuten)
Sa 12, 15, 18 und 21:45 Uhr
So 12, 15 und 17:45 Uhr

kostenloser Parkplatz in der Nähe (wenn Hansa Rostock spielt, ist der Parkplatz geschlossen!)

Café-Bar, Imbiss

Toilette

Shop
(für Schlittschuhe und Zubehör)

Nelkenweg 6
18057 Rostock
Telefon 0381 / 4934068

www.sternwarte-rostock.de

ab 4 Jahre
Öffnungszeiten
nach telefonischer Absprache

Eintrittspreise
Gruppe bis 30 Erwachsene 30 €
(unter 10 Personen 3 € pro Person)

Gruppe bis 30 Kinder, Rentner oder Studenten 20 €

Erwachsene 3 €

Kinder (6 bis 12 J.), Rentner oder Studenten 2 €

Beobachtungsstand 1 €

Lesungen 7.50 € pro Person

Aufenthaltsdauer 1 bis 3 Stunden

kleiner Parkplatz hinter der Station

Toilette

Die Astronomische Station liegt auf 54°5'9,3" nördlicher Breite und 12°4'40,3" östlicher Länge. Für Sternengucker ist sie auch im Dunkeln zu finden, denn der Polarstern ist auf derselben geografischen Breite von 54° zu sehen. Sternenguckerei ist bei klarer Nacht eine interessante Sache. Aber nicht immer zieht sich die Natur den Wolkenmantel aus, um uns Aus- und Einblick zu gewähren; darum gibt es keine festen Öffnungszeiten.
Ein Anruf informiert über das Programm: den bundesweiten Astronomietag, die Lange Nacht der Wissenschaften, den Sternenhimmel des jeweiligen Monats, die Vortragsreihen für Vorschulkinder und die Arbeitsgemeinschaften. Die werden von Henning Schmidt jeden 2. und 4. Donnerstag im Monat für Kinder zwischen zehn und sechzehn Jahren geleitet, sind kostenfrei und finden von September bis März von 18 bis 20 Uhr statt.
Man kann auch seine besonderen Vorstellungen anmelden – das Team aus engagierten Lehrern und Mitgliedern des Astronomischen Vereins wird versuchen, die Interessen zu koordinieren.
Im Keller der Station befindet sich das Planetarium, darüber sind die Seminar- und Vortragsräume untergebracht und auf dem Dach beobachtet man die Sterne. Und wer ganz genau guckt, kann den Planeten vom Kleinen Prinzen entdecken. Er hat die Nummer B 612.

Er liebt mich, er liebt mich nicht – das altbekannte Gänseblümchen-Orakel wird im Botanischen Garten nicht beantwortet. Ausgedehnte Spaziergänge in dem acht ha großen Gelände dieser besonders gepflegten Parkanlage geben dennoch Antwort auf andere, kaum weniger interessante Dinge. Hier können Kinder die Wege vorauslaufen, auf der Suche nach schönen Blumen, Fröschen im Teich – oder sie folgen einfach dem Wasserlauf, während die Erwachsenen sich Gedanken machen, was für den eigenen Garten abzuschauen wäre. Gepflückt werden darf von den 10 000 Pflanzen aus 7 000 Arten natürlich nichts.
Der Baumgarten, das Arboretum, erstreckt sich über das gesamte Gelände. Folgt man den Wegen, so gelangt man in einen Gebirgssteingarten, der zu den schönsten von Norddeutschland zählt. Dort vorbei schlendert man unter großen Buchenbeständen hin zur Dünenlandschaft. Dahinter verstecken sich das Hochmoor, das Moor und die Teiche.
Seit 1885 befindet sich das Freigelände an dieser Stelle. Die neue Gewächshausanlage wurde nach jahrelangen Mühen im Frühjahr 2009 eröffnet.

Freigelände
Hamburger Straße 28
18051 Rostock
Telefon 0381 / 498-6250
oder -6255

www.
biologie.uni-rostock.de/botgart

www.ostsee.de

ab 4 Jahre
Öffnungszeiten
Di bis Fr 7 bis 18 Uhr
Sa, So 9 bis 18 Uhr

Eintritt Spendenbox

Aufenthaltsdauer 1 Stunde

Parken kostenpflichtig

für Kinderwagen geeignet

IGA-Park und Traditionsschiff

IGA Rostock 2003 GmbH
Dorf Schmarl 40
18106 Rostock
Telefon 0381 / 12831-300

www.iga-park-rostock.de

ab Kleinkindalter
Öffnungszeiten
April bis Oktober
täglich 9 bis 18 Uhr

November bis März
täglich 10 bis 16 Uhr

Museumsschiff Mo Ruhetag
(außer Juli / August)

Eintrittspreise Parkbesuch
Erwachsene 1 €
Kinder frei

Schifffahrtsmuseum und Park
Erwachsene 4 €
Kinder (7–14 J.) 2,50 €

Angelegt wurde der weitläufige Park zur Internationalen Gartenbauausstellung 2003, doch auch jetzt noch lohnt sich der Besuch auf dem vielfältig genutzten Gelände. Am Pier an der Warnow ankert das wohl größte schwimmende Museum Deutschlands: Der 10 000-Bruttoregistertonnen-Hochseefrachter „Dresden". Das Traditionsschiff von

der Kapitänsbrücke bis zum Maschinenraum zu erkunden, ist nicht nur für Kinder höchst spannend.
Die Kombüse steuert bei Bedarf einen Imbiss oder Eis bei und der Blick von Deck auf den Überseehafen am anderen Warnowufer ist sowieso großartig. Außerdem kann der Nachwuchs lernen, wie morsen geht, und im Schiffsbauch ferngesteuerte Modellschiffe ins Rennen schicken – wenn Papa die Fernbedienung aus der Hand gibt …
Einige der Nationengärten der IGA sind auch jetzt noch zu besichtigen, wie der chinesische, der tunesische oder der japanische Garten. Zum Gelände gehört auch ein schöner Sandstrand. Baden kann man hier allerdings nur auf eigene Gefahr, da keine Rettungsschwimmer vorhanden sind.

In der Miniaturwelt am Rosengarten gibt es 10 Schlösser und Herrenhäuser des Landes in Klein zu sehen. In den nächsten Jahren sollen noch mal 10 hinzukommen. Ein neu angelegter „Trimm-dich-Pfad" macht den Rundgang für Kinder besonders attraktiv. An 12 Stationen können sich besonders Aktive an Geräten wie Reck, Trampolin oder Schwebebalken austoben. Zwei sehr schöne Spielplätze und ein Naturerlebnispfad sorgen außerdem für Unterhaltung. Wo sonst auch findet man ein Waldxylophon, eine Holzorgel oder ein Hexenlabyrinth?

Ein Muss ist der Besuch des einzigartigen Weidendoms. Alle Pfeiler und kunstvoll verschlungenen Bögen bestehen aus lebenden Weidenzweigen, so dass das Bauwerk jedes Jahr ein wenig größer und dichter wird.

Tipp: Der ausgedehnte Park eignet sich auch prima zum Picknicken.

Aufenthaltsdauer mindestens 2 Stunden bis zu einem ganzen Tag

Parken kostenpflichtig (2 € pro Tag)

Restaurant „Freibeuter" am Nordeingang

Toilettencontainer an mehreren Stellen

für Kinderwagen geeignet

Hanse GoKart Racing
Goorsdorfer Straße 61
18146 Rostock
Telefon 0381 / 684479
0175 / 2874981

www.hansegokartracing.de

Kartcenter Rostock
Industriestraße 10
18069 Rostock
Telefon 0381 / 1217777

www.kartcenter-rostock.de

ab 6 Jahre und 1,40 m Größe
Öffnungszeiten
GoKart Racing
September bis Juni
Mo bis Do 16 bis 22 Uhr
Fr 16 bis 24 Uhr
Sa 14 bis 24 Uhr
So 14 bis 21 Uhr

Kartcenter
Di bis Do 15 bis 22 Uhr
Fr 15 bis 24 Uhr
Sa 13 bis 24 Uhr
So 13.30 bis 22 Uhr
(in den Ferien Mo auf Anfrage und jeweils ab 13 Uhr)

Eintrittspreise
Schülerticket 10 Minuten 8,50 € (beide)

Einzelticket
10 Minuten 9 € GoKart Racing, 10,20 € im Kartcenter

Fünferkarte
10 Minuten 40 € GoKart Racing, Sechserkarte 36 € im Kartcenter

Aufenthaltsdauer 1 Stunde

Parken kostenlos an der Kart-Bahn

Imbiss / kleine Snacks

Toilette

Die Indoorkartbahnen liegen beide etwas versteckt. Die Hanse GoKart Racing Halle befindet sich hinter einem Realmarkt. Das andere Kart-Center liegt in Schmarl in einem Industriegebiet hinter dem HCC und ist über eine kleine, fast versteckte Asphaltstraße zu erreichen. Beide Hallen bieten Kartspaß auf einer Vollgripp-Strecke von über 450 m, mit zahlreichen Kurven und längeren Passagen. Kart Fahren ist ein Vergnügen für die Größeren unter den Kindern und sieht sich als echter Rennsport. Das Kartcenter Rostock spielt in deutschlandweiten Wettbewerben in der oberen Liga mit. Entsprechend gut besucht ist auch die Bahn. Wer als Anfänger in ein Kart steigt, kann im ruhigeren Hanse GoKart Racing Center seine Strecke abfahren. Übrigens ist dieser Rennsport keine Domäne der Männer. Den Bahnrekord im Kartcenter halten zwei Frauen. Kindern bietet das Kartcenter einen Bonus an. Sie dürfen für fünf Euro einmal in einem Kinderkart sitzen und zehn Minuten ihre Runden drehen.

Die Gehlsdorfer Schwimmhalle befindet sich nur wenige Meter von der Warnow entfernt an deren östlichem Ufer. Sie verfügt über ein Becken mit 25 m-Bahnen, ist nicht sehr groß und bietet damit gerade kleineren Kindern eine gute Orientierung. Durch die Massagedüsen und Schwallduschen verbreitet dieses Bassin einen Hauch von Wellness.
Es ist zudem in einen Schwimmerbereich und in einen Nichtschwimmerbereich unterteilt. Für die kleinsten Planschhasen steht ein warmes Becken mit 18 cm Wassertiefe, kleinen Rutschen und Springbrunnen bereit. Besonders beliebt sind die Familienschwimmtage am Wochenende zwischen 10 und 16 Uhr.
In den Sommermonaten lädt außerhalb der Halle eine Liegewiese zum Sonnenbaden ein. Im Winter rückt die Sauna wieder mehr in den Blick.

Steuerbordstraße 7
18147 Rostock
Telefon 0381 / 6661345

www.sportpark-gehlsdorf.de

ab 3 Jahre
Öffnungszeiten
Mo 6 bis 22 Uhr
(10 bis 14 Uhr Gruppen)
Di 15 bis 22 Uhr
Mi, Do 6 bis 22 Uhr
Fr 9 bis 23 Uhr
Sa 9 bis 20 Uhr
Feiertag 9 bis 22 Uhr

Eintrittspreise
Erwachsene 4 € / 1½ Stunde
5 € / 2 Stunden
Kinder 3 € / 1½ Stunde
4 € / 2 Stunden

Aufenthaltsdauer 2 Stunden

Parken kostenlos

Imbiss

Toilette

Wickelmöglichkeit

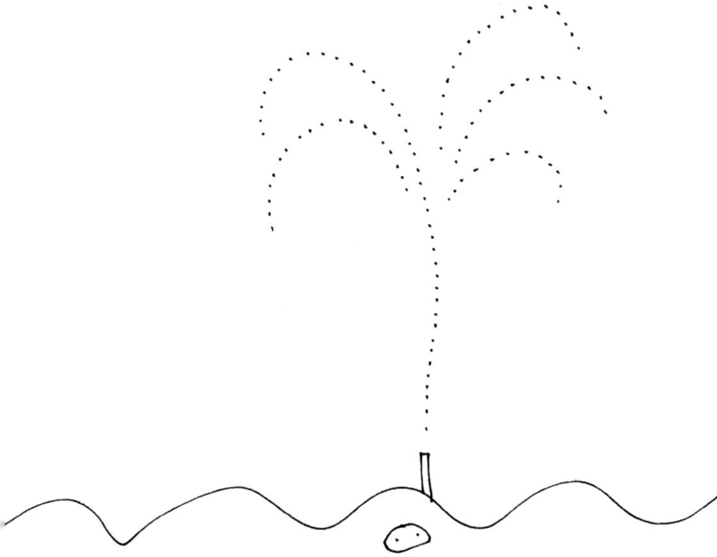

KINDERland Roggentin

Mohr & Partner GmbH
Kösterbecker Straße 5
18184 Roggentin
Telefon 038204/76840

www.kinderland-rostock.de

ab Kleinkindalter bis
etwa 12 Jahre
Öffnungszeiten
Mo bis Fr 14 bis 19 Uhr
Sa 10 bis 20 Uhr
So und Feiertage 10 bis 19 Uhr

Eintrittspreise
Erwachsene 4,50 €
(ab 17.30 Uhr 3,50 €)

10-er Karte 35 €

Kinder 7 €
(ab 17.30 Uhr 4,50 €)

10-er Karte 60 €

Kinderland-Geburtstagsparty
mit Menü 11 € pro Kind
(freier Eintritt
fürs Geburtstagskind)

Aufenthaltsdauer 3 bis 4 Stunden

Parken kostenlos

SB-Bistro

Toilette

Wickelplatz

Schließfächer
für persönliche Sachen

für Kinderwagen geeignet

Gleich am Eingang könnte man sein Kind ans Maul eines riesigen Krokodils verlieren, das sich bedrohlich schließt – würden die Kleinen nicht kurz darauf quietschvergnügt wieder auftauchen. Rund 2 200 qm Spielfläche warten mit Kletterlabyrinth, Wabbelberg, Trampolinen, einer Ballkanone, Tischtennis und noch mehr auf bewegungsfreudige Kinder. Mini-Karts müssen allerdings mit 1 €-Münzen bestückt werden. Die Kletterwand ist für die etwas Größeren geeignet.

Wenn's voll wird, ist der Lärmpegel natürlich nicht unerheblich angesichts so manch ausgelassener Begeisterungsrufe. Neben dem Kleinkindbereich gibt es zur Erholung ein großes Bistro mit Imbissangebot, Eis und Getränken.

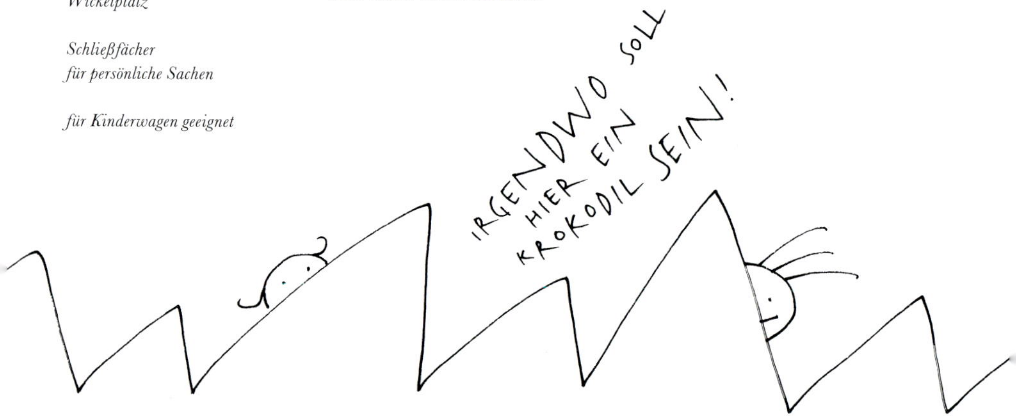

Die Sieben bringt Glück, wissen der Volksmund und die Rostocker: Sieben Türen hat die Marienkirche, sieben Straßen führten zum Marktplatz, sieben Tore gingen ins Land, sieben Kaufmannsbrücken waren beim Strand, sieben Türme auf dem Rathaus, sieben Glocken schlugen zugleich und sieben Linden standen in dem Rosengarten.

Die „Rostocker 7“ ist das Flaggschiff eines Familienunternehmens, das seit über 70 Jahren auf der Warnow schippert. Kapitän Olaf Schütt kennt das Wasser, das Land und die Leute. Seine augenzwinkernden Kommentare zu den Sehenswürdigkeiten des ca. 7 Meilen langen Kais machen die Fahrt unterhaltsam. Fein flicht er sein Seemannsgarn ein: Ein Ruck geht durch das Schiff, wenn die „Sieben“ über den neuen Warnow-Tunnel fährt und den Unaufmerksamen ins Stolpern bringt. Mit sieben Meter Wasser unter dem Kiel ist der Rostocker der tiefste deutsche Ostseehafen. Erstaunlich leise gleitet man vorbei an kleinen Booten und großen Schiffen, am Yacht- und am Seehafen. Die Weltbetrachtung von See aus ist eine besondere!

Wer nach der Hälfte der Tour an Land möchte, geht von Bord und fährt mit einem der nächsten Schiffe zurück. Doch die Fahrkarte nicht versieben! Mit Glück kommt man gerade dann zur Landestelle, wenn Olaf Schütt wieder in See sticht.
Siebenjährige haben die Glückszahl: Auf der „Rostocker 7“ bezahlen sie nur die Hälfte!

Kapitän Olaf Schütt
Telefon 0381 / 699962
0171 / 4240354 an Bord

www.rostocker-flotte.de

alle Altersgruppen
Hauptsaison
täglich halbstündlich
10.30 bis 15.30 Uhr
Abfahrt Rostock-Stadthafen
10.30 bis 16.30 Uhr
Abfahrt Warnemünde-Neuer Strom
Nebensaison täglich stündlich

Erwachsene 10 €
Kinder 4.50 €
Gruppe 9.50 €/pro Person

Imbiss und Getränke an Bord
Fahrtdauer 2 Stunden

Parken kostenpflichtig

Toilette

Wickelmöglichkeit

für Kinderwagen und Rollstuhl geeignet (* nur Rostocker 7)*

Weitere Anbieter
www.hafenrundfahrten-in-rostock.de
Fahrgastschifffahrt Thomas & Dieter Schütt OHG
0381 / 690953
Personenschifffahrt Dieter Schütt
0381 / 6863171

Baltic-Schifffahrt und Touristik GmbH 0381 / 5106790

Fahrgastschifffahrt Heckmann
0381 / 669980

Fahrgastschifffahrt Käpp’n Brass GmbH 0381 / 54172

Warnow Personenschifffahrt
0381 / 7686552

Weiße Flotte 0381 / 519860

82

Warnemünde

Leuchtturm und Spaziergänge durchs Ostseebad

Förderverein
Leuchtturm Warnemünde e.V.
Am Leuchtturm
Postfach 301025
18119 Warnemünde
Telefon 0381 / 5192626

www.tourist-mv.de

ab 4 Jahre
Öffnungszeiten
Mai bis September
täglich 10 bis 19 Uhr

Eintrittspreise
Erwachsene 2 €
Kinder 1 €
Familienkarte 4 €

Aufenthaltsdauer ca. ½ Stunde

Parken kostenpflichtig

Restaurants und Cafés
rund um den Turm

Er ist mit seinen knapp 37 m Höhe nicht zu übersehen und es wäre eine Schande, ihn zu ignorieren. Der Leuchtturm ist neben dem Teepott das unumstrittene Wahrzeichen von Warnemünde.
Seit 1898 weist das Seezeichen den Schiffen den Weg und es gibt keinen besseren Ausblick über das Ostseebad als von seiner Galerie, die über eine Granitwendel-

treppe und die Laternenstube erreichbar ist. An der Kasse kann übrigens ein Fernglas ausgeliehen werden. Davor oder danach bietet sich ein Spaziergang auf der Westmole an. Wie weit man auf der 530 m langen Mole allerdings vorankommt, wird vom Wetter bestimmt. Von spiegelglatter See bis zu schaumbekrönten Brechern quer über den Weg ist alles möglich.

Wer längere Wanderungen mag, kann den Strand entlang laufen. Im Sommer vorbei an den Kids, die auf den alle 2 Stunden heranrollenden Scandlines-Wellen surfen. Im Herbst vorbei an unermüdlichen Drachenlenkern. Und zu jeder Jahreszeit vorbei an einem schönen Spielplatz am Wasser bis nach Stolteraa.
Dort wartet an der Steilküste die Belohnung in Form

von Kaffee und Kuchen in der „Wilhelmshöhe".
Die kürzere Alternative eines Spaziergangs führt am Alten Strom entlang, den Cafés und viele kleine Boutiquen in früheren Kapitänshäusern säumen – mit Blick auf die Fischkutter, Yachten und kleinen Segelboote, die das Flair des alten Fischerdorfes zu jeder Jahreszeit ausmachen.

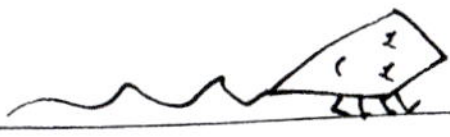

Piratenfahrt auf dem Kutter „Pasewalk“

Tourismuszentrale
Am Strom 59
18119 Warnemünde
Telefon
0381 / 5480011 (Zentrale)
0381 / 540048 (Kutterfahrt)

www.rostock.de

ab 4 Jahre
Öffnungszeiten
Juli und August
Di und Mi
Abfahrt 10 und 11.30 Uhr

Veranstaltungen und Fahrten in den Herbst- und Frühjahrsferien auf telefonische Anfrage

Eintrittspreise
Piratennest: kostenfrei
Puppentheater: Kinder 2 €
Erwachsene 3 €
Piratenkutter: Kinder 5 €
(nur 22 Plätze, deshalb telefonisch buchen)

Fahrtdauer 75 Minuten

Parken auf dem Scandlines Parkplatz am Bahnhof

Toilette an Bord und gegenüber der Abfahrtstelle

Rauben, plündern, meucheln: Piraten dürfen, was verboten ist. In gestreiftem Hemd, mit Dolch und Augenklappe muss der Mutige einen Schnaps kippen und darf dann, wenn er noch stehen kann, an Bord. Dort wird das Gesicht bemalt und nach dem Hissen des Jolly Roger sticht die wilde Crew in See.
Bei jedem noch so großen Pott, der den Piraten der Warnow begegnet, ist man sich einig, ihn zu kapern, doch der Schuss aus der Kanone gilt der fettesten Beute! Und wem das Singen grusliger Piratenlieder nicht das Mark im Bein gefrieren lässt, dem läuft beim Zusehen der Zwieback wettessenden Meute ein Schauer über den untätowierten Rücken. Piraten müssen rückwärts über Planken balancieren und beim Tauziehen verlieren können. Da man auf See und vor Gericht nie wissen kann, was passiert, wird eine große Flaschenpost mit den genauen Angaben über die Lage des Piratenschatzes angefertigt und abgesetzt.

Und wer noch nicht genug hat, geht abends zur Gruselnacht ins Piratennest am Warnemünder Strand.
Der Schein des Lagerfeuers macht Spaziergänger zu Gespenstern und umgekehrt.

Zu Hause zeigt man, was man gelernt hat: Papa einen Kuss rauben, die Keksdose plündern und den Fernseher ausschalten!

Was ist 5D, Mama? Meist muss Papa erklären. Also: Höhe und Länge sind zwei Dimensionen, kommt die Tiefe dazu, sieht man räumlich. Die vierte Dimension ist die Bewegung im Raum und die fünfte ... ? Lasst uns ins Kino gehen, Kinder!

Das Kino befindet sich in der ersten Etage eines alten Gebäudes mit der Nummer fünfzehn, nah beim Leuchtturm. Schon beim Hineingehen verwandelt sich der reale Raum. Mit modernen Mitteln, Licht und Farbe wird die digitale Illusion vorbereitet. Denn Spongebob ist in diesem Kino mehr als ein Film, er ist ein Event!

Hundert Plätze hat der Saal, die ersten fünf Reihen sind beweglich. Papa muss mit vorn sitzen, Mama möchte weiter hinten Platz nehmen. Mit der 3D-Brille ist man mittendrin im Film, die bewegten Sitze lassen einen Abhänge hinunter rasen, dass einem in 4D schlecht wird, aber die Spezialeffekte mit Nebel, Wind, Wasser und Gerüchen machen die 5D-Realität perfekt. Man erlebt neu, was man kennt. Auch Mama hört man hinten kreischen!

Aus dem Dunklen kommt man wieder ins Helle. Aber irgendwie ist draußen alles ein klein wenig verändert. Oder nimmt man alles nur anders wahr? Was ist nun 5D, Papa?

Am Leuchtturm 15
18119 Rostock
Telefon 0381 / 5105044

www.ostseewelten.de

ab 4 Jahre
Öffnungszeiten
Beginn erste Show 10 Uhr
Beginn letzte Show 21 Uhr

Eintrittspreise
Erwachsene 5 bis 8,50 €
Kinder 5 bis 6.50 €

Familienkarte
(2 Erwachsene, 1 Kind) 17 €

Aufenthaltsdauer
20 bis 90 Minuten

Parken kostenpflichtig

Restaurant

Toilette

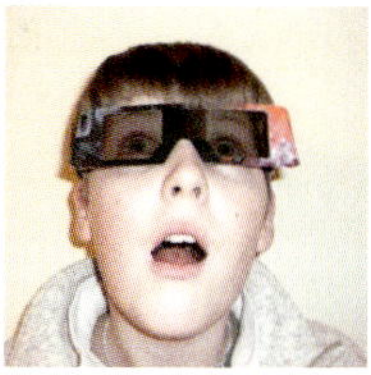

Alexandrinenstraße 30/31
18119 Seebad Warnemünde
Telefon 0381 / 52 667

www.heimatmuseum-warnemuende.de

ab 5 Jahre
Öffnungszeiten
April bis Oktober
Di bis So 10 bis 18 Uhr

November bis März
Mi bis So 10 bis 18 Uhr

Eintrittspreise
Erwachsene 3 €
Kinder (6–14 J.) 1 €

Familienkarte
(2 Erwachsene, ab 1 Kind) 4 €

Führungen (nach Anmeldung)
1,50 € pro Person zuzüglich Eintritt

Aufenthaltsdauer
mindestens ½ Stunde

Parken kostenpflichtig,
Parkplatz an der Kirche

Toilette

für Kinderwagen geeignet

In einem der ganz typischen Warnemünder Fischerhäuser ist das Heimatmuseum untergebracht.
Die gute Stube war gleichzeitig Wohn-, Schlaf- und Arbeitsraum, da sie einst das einzige beheizbare Zimmer des Hauses darstellte. Deshalb ließ sich hier nicht nur die Hausfrau zum Spinnen nieder, hier schliefen auch die Kinder, manchmal 3 bis 4 in einem Bett. Dahinter befand sich die Küche, ein schmaler Raum mit offenem Herd, worüber früher die Fische und Würste geräuchert wurden.
Auch eine original eingerichtete Schlafstube ist im Museum zu sehen und außerdem einiges über die Arbeit der Fischer und Lotsen im 19. und zu Beginn des 20. Jahrhunderts.
Von da an entwickelte sich Warnemünde zum Badeort.

Führungen mit vielen Details aus vergangenen Tagen gibt es nach Voranmeldung, wenn mindestens 10 Personen zusammenkommen.

Das fest vertäute schwimmende Forschungsinstitut ist ein 53 m langes, umgebautes Flussschiff. Wissenschaftler des Marine Science Centers widmen sich hier der Untersuchung von Verhaltensweisen der Robben. Und im Rahmen von Führungen dürfen ihnen wissbegierige Besucher dabei über die Schulter schauen. Die 9 männlichen Seehunde können vom Sonnendeck aus in ihrer natürlichen Umgebung bei Experimenten in freier Natur oder bei der Fütterung beobachtet werden.

Neben den Führungen gibt es auch die Möglichkeit, die sympathischen Meeressäuger ganz aus der Nähe zu erleben, sie vom Ponton aus selbst zu füttern und zu streicheln. Für eine Gruppe bis 10 Personen kostet das 200 €. Wer schon immer mal mit Seehunden schwimmen und tauchen wollte, sollte nachfragen, denn auch dieser Wunsch wird hier erfüllt.

Marine Science Center
Im Yachthafen Hohe Düne
18119 Seebad Warnemünde
Telefon 0381 / 5040 8181

www.marine-science-center.de

ab 4 Jahre
Öffnungszeiten ganzjährig

Führungen nach Anmeldung
Dauer der Führung: 1 Stunde

Eintrittspreise
Erwachsene 6 €
Kinder 4 €

Parken
kostenpflichtig am Yachthafen

Toilette

für Kinderwagen bedingt geeignet

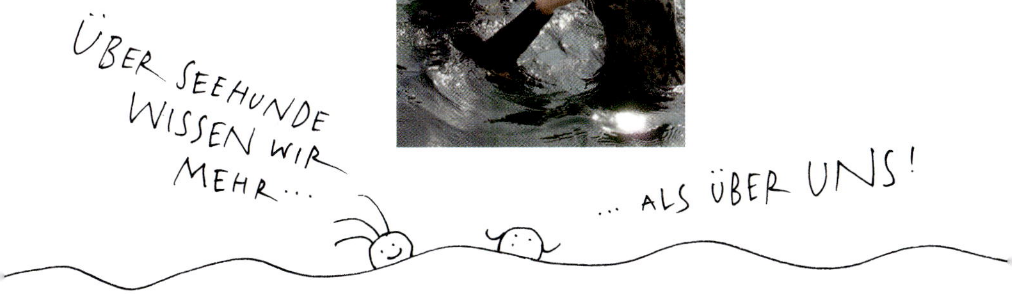

Göldenitz *Landschulmuseum*

Verein „Auf der Tenne e.V.“
Landschulmuseum Göldenitz
Am See 7
18196 Göldenitz
Telefon 038208/264

www.aufdertenne.de/
content/landschulmuseum

ab Vorschulalter
Öffnungszeiten
April bis Dezember
Di, Do und Sa 9 bis 17 Uhr

Mai bis Oktober
zusätzlich Mi und Fr
9 bis 14 Uhr

Führungen
Mo bis Sa nach Vereinbarung

Eintrittspreise
Erwachsene 3 €
Kinder (6–16 J.) 1 €

Aufenthaltsdauer ca. 1 Stunde

Parken kostenlos

Toilette

für Kinderwagen geeignet

Wie lief der Unterricht in einer typischen Einklassenschule auf dem Lande ab? Wie sah die „Gute Stube“ des Dorflehrers aus? Was passierte an einem Back- oder Waschtag vor mehr als 100 Jahren? Diese und andere Fragen werden in der alten Landschule sehr anschaulich beantwortet, zum Beispiel während einer historischen Schulstunde im originalen Klassenzimmer um 1900. Schon das Schreiben von deutscher Schrift auf Schiefertafeln macht nicht nur Spaß, sondern auch ungeahnte Mühe. Neben der Lehrerwohnung sind auch Stallscheune, Bienenschauer und Schülertoiletten zu besichtigen. In einem Nebengebäude ist die DDR-Schulzeit mit vielen Original-Exponaten aufgearbeitet.

Führungen durchs ganze Haus gibt es auf Anmeldung. Besonders großen Spaß macht Kindern beispielsweise die Zeitreise zurück zu einem historischen Waschtag vor Erfindung der Waschmaschine – mit Eimer-Schleppen, Zuber-Füllen und Waschbrett-Rubbeln.

Ganz Mecklenburg-Vorpommern auf einem Fleck – genauer gesagt in einem Park von 4,5 ha Größe. Das Wegenetz entspricht den Hauptstraßen des Landes, selbst die Seen der Mecklenburgischen Schweiz wurden der Realität nachempfunden. Dazwischen finden sich die wichtigsten Gebäude des Landes en miniature – detailgetreu im Maßstab 1:25 –, der Teepott in Warnemünde genauso wie das Anklamer Tor in Friedland, die Schlösser von Hasenwinkel und Güstrow, Leuchttürme und Windmühlen. Während Mini-Besucher den Piratenkutter „SehLandia" entern oder andere Spielgeräte ausprobieren können, vergnügen sich die etwas Älteren mit optischen Täuschungen, Tischtennis oder Großfeldschach.

Im ehemaligen Gutshof gibt es noch eine Ausstellung etwas kleinerer Modelle, hauptsächlich von Rostocker Gebäuden. Wenn das Interesse der Jüngsten erlahmt, können sie sich in eine der Mal- und Bastelecken zurückziehen, so sie denn nicht schon der Duft von frischen Waffeln nach nebenan in die „SehLand Stuben" lockt.

Schlager Straße 13
18196 Göldenitz
Telefon 038208/82690

www.miniland-mv.de

ab 3 Jahre
Öffnungszeiten
Oktober bis Mai
täglich 10 bis 17 Uhr

Juni bis September
täglich von 10 bis 18 Uhr

Eintrittspreise
Erwachsene 5,50 €
Kinder (6–16 J.) 3 €

Familienkarte
(1 Erwachsener, 2–4 Kinder)
10,80 €
Familienkarte
(2 Erwachsene, 2–4 Kinder)
14,80 €

Aufenthaltsdauer ca. 2 Stunden

Parken kostenlos

Restaurant „SehLand Stuben"

Toilette

Wickelmöglichkeit

für Kinderwagen geeignet

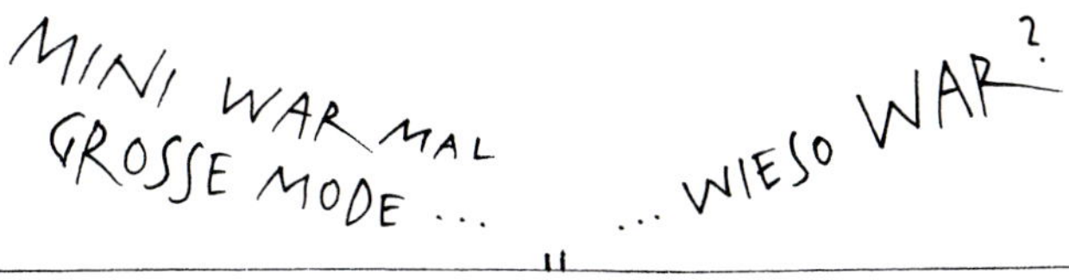

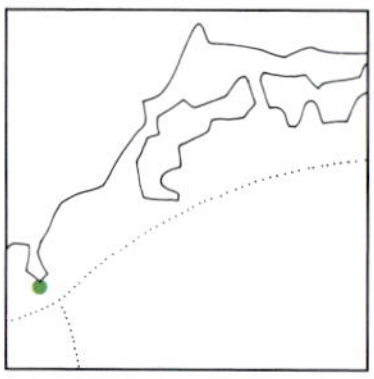

Rostocker Veranstaltungskalender

Leuchtturm in Flammen

Die erste Party des Jahres findet am 1. Januar um 18 Uhr in Warnemünde statt. Eine Komposition aus Laser, Licht und Feuerwerk. Eintritt ist frei.

Hanse Sail

Das zweite Augustwochenende steht immer im Zeichen der Hanse Sail, wenn rund 300 Groß- und Traditionssegler aus aller Welt Rostock und Warnemünde ansteuern. Der gesamte Stadthafen wird zu einer einzigen Festmeile, wo geschlemmt wird und Musik zwischen Shanty und Dudelsack, Rock und Jazz erklingt. Die Museumssegler laden zu Open-Ship und kleinen Ausfahrten ein. Höhepunkt aber sind die Regatten der Schoner und Rahsegler nach Kühlungsborn und zurück, zu denen man sich rechtzeitig anmelden sollte.
Für Kinder heißt Hanse Sail aber auch Zuckerwatte, Riesenrad und Piratendorf. Krönender Abschluss ist jeweils das Höhenfeuerwerk, das im Stadthafen und in Warnemünde gleichzeitig in den Himmel steigt.

Zoo

Der Rostocker Zoo bietet übers Jahr jede Menge Veranstaltungen für Kinder an: zu Ostern und Pfingsten sowie zum Kindertag und zur Einschulung.
Höhepunkt ist sicher das Wochenende mit Zoo-Sommernacht und Großem Zoofest Ende August.

IGA-Park

Das Veranstaltungsprogramm steckt rund ums Jahr voller Höhepunkte, auch fürs jüngere Publikum. Mitte August steigt ein riesiges Piratenfest. Große und kleine Freibeuter erobern den Warnowstrand und freuen sich über das bunte Programm.
Beim UmweltKinderFest Mitte September kann die ganze Familie einen Tag lang intensiv die Umwelt erleben und Neues entdecken.
Im Oktober startet auf dem Gelände der wohl größte Laternenumzug Mecklenburg-Vorpommerns, der mit einem Höhenfeuerwerk an der Warnow endet.

Kinder-Uni in Rostock

In jedem Semester finden einmal im Monat spezielle Kindervorlesungen statt. Die Studenten der Zukunft sitzen in einem richtigen Hörsaal und lauschen echten Professoren, die Wissenswertes aus der Wissenschaft auf kindgerechte und lustige Weise vermitteln.
Dazu gibt es spannende Experimente und am Ende einen Kinder-Uni-Ausweis für die Teilnahme.
Ort: Audimax der Universität in der Ulmenstraße 69.

www.kinderuni-rostock.de

Anmeldung nicht erforderlich
Alter: 2. bis 6. Klasse

Termin immer an einem Mittwoch Mitte des Monats um 16 Uhr

Dauer 45 Minuten

Weihnachtsmarkt

Der Rostocker Weihnachtsmarkt, der sich über große Teile der Innenstadt erstreckt, ist der größte in Mecklenburg-Vorpommern.

Surf- und Segelschulen

Segelschule Wassersport Rostock
Warnowufer 65
(neben dem Theater
am Stadthafen)
Telefon 03831 / 2009555
www.wassersport-rostock.de
www.segeln-rostock.de
Leistungsspektrum: Surfschule,
Verleih

Wipe out
Warnowufer 59
18057 Rostock
Telefon 03 81 / 4934132
0172 / 8950205
www.mv-maritim.de
Leistungsspektrum: Surfschule,
Verleih

Kite- und Windsurfing Beach 23
Parkstrasse 53 a
18119 Rostock-Warnemünde
Strandaufgang 22
www.beach23.de
Telefon 0172 / 2688469 und
0160 / 97322791
Leistungsspektrum: Surfschule,
Verleih

Kite- und Surfschule Born / Darß
Auf dem Schagen
18375 Born / Darß
Telefon 0173 / 6928120
www.wassersportzentrum-
born.de
Leistungsspektrum: Surfschule,
Verleih

UniSurfTeam
18375 Born / Darß
Campingplatz
Telefon 038234 / 55747
www.unisurfteam.de
Leistungsspektrum: Surfschule,
Verleih

UniSurfTeam
18375 Ostseebad Prerow
Auf dem Regenbogencamp
Telefon 038233 / 69494
www.unisurfteam.de
Leistungsspektrum: Surfschule,
Verleih

Surfcenter Wustrow
18347 Ostseebad Wustrow
An der Nebelstation 2
Telefon 038220 / 80250
www.surfcenter-wustrow.de
Leistungsspektrum: Surfschule,
Verleih

Wassersportzentrum Zingst
Am Sportstrand 6
18374 Zingst
Telefon 038232 / 20869
www.kite-club.com
Leistungsspektrum: Surfschule,
Verleih

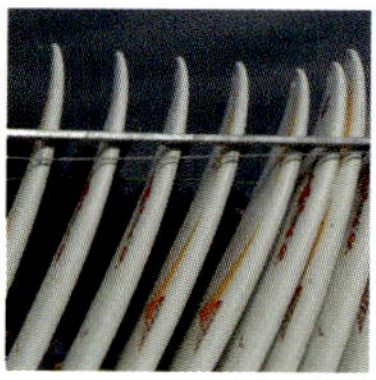

Reiterhöfe

Gestüt Nordvorpommern GmbH
OT Hirschburg
18311 Ribnitz-Damgarten
Telefon 03824 / 44558
www.gestuet-mv.de

Reitverein Ribnitz-Damgarten e.V.
OT Hirschburg
Mecklenburger Straße 91
18311 Ribnitz-Damgarten
Telefon 03821 / 814104

Reiterhof Lange
Zur Bockwiese 3
18347 Dierhagen
Telefon 03826 / 80679
www.reiterhof-lange.de

Reiterhof Konow
Ernst-Thälmann-Straße 58
18347 Wustrow
Telefon 038220 / 80494

Islandpferdehof Fischland
Weg zum Kiel 12
OT Niehagen
18357 Ahrenshoop
Telefon 038220 / 69328
www.islandpferdehof-fischland.de

Reiterhof Völkner
Althäger Straße 60A
18347 Ahrenshoop
Telefon 038220 / 212
www.reiterhof-andreas-voelkner.de

Reiterhof Kafka
Im Moor 17
18375 Born / Darß
Telefon 03834 / 249
www.reiterhof-kafka.de

Kutschunternehmen Bergmann
Bogislav-Rosen-Weg 3
18375 Ostseebad Prerow
Telefon 038233 / 70277

Kutscherhof Kayserling
In den Schmiedebergen 20
18375 Ostseebad Prerow
Telefon 038233 / 60278
www.kutscherhof-kayserling.de

Reitverein „Einheit Prerow" e.V.
Grüne Straße 26b
18375 Ostseebad Prerow
Telefon 038233/60211

Kutsch- und Kremserfahrten
Grolik
Grüne Straße 28a
18375 Ostseebad Prerow
Telefon 038233/412

Reit- und Ferienhof Illner
Landstraße 8a
18374 Zingst
Telefon 038232/80177

Reit- und Fahrverein
Herrmannshagen-Dorf e.V.
Hauptstraße 2
18317 Herrmannshagen-Dorf
Telefon 038223/30508
www.pferdehof-kranichweide.de

Reit- und Fahrverein „Pommersche Pferdefreunde" e.V.
Am Wald 15
18314 Herrmannshagen-Heide
Telefon 038227/59949

Vineta Reitclub 2000 Barth e.V.
Auf dem Hof 11
18314 Lüdershagen
Telefon 038227/413
www.reitclub2000.de

Reiterhof Gränert
Im Felde 2
18356 Pruchten
Telefon 038231/82910
www.reiten.de/
Reiterhof-Graenert

Reiterhof Planitz
Bockmühlenweg 6
18356 Barth
Telefon 0175/9784073

Ländlicher Reitverein
Langenhanshagen
Dorfstraße 3
18320 Langenhanshagen
Telefon 0172/3826625

Reiterhof Masuch
Bad Sülzer Straße 46
18314 Löbnitz
Telefon 038324/7442

Art Quartier
Grafensteig 11
18469 Starkow
Telefon 038324/65990
www.artquartier.de

Hof Thomsen
Hofallee 1
18442 Groß Kordshagen
Telefon 038231/45390
hof-thomsen.m-vp.de

Reit- und Fahrverein
Dänschenburg e.V.
Waldstraße 16
18337 Marlow
Telefon 038224/80358

Westernhof Carlsruhe e.V.
Teichstraße 6
18337 Marlow, OT Carlsruhe
Telefon 038224/44098

SG Wöpkendorf e.V.
Abt. Pferdesport
Bei der Kirche 2
18334 Dettmannsdorf-Kölzow
Telefon 038228/80422
www.reitsport-woepkendorf.de

Konikgestüt und Kinderreiterhof
Rostocker Straße 26
18334 Dettmannsdorf-Kölzow
Telefon 038228/275
www.leibleins-ponyschule.de

Kutsch- und Kremserfahrten
Büning
Ausbau 16
18337 Marlow
Telefon 038221/80682

Reit- und Fahrverein Semlow e.V.
Gerhart-Hauptmann-Straße
18311 Ribnitz-Damgarten
Telefon 03821/811298

Gestüt am See
Familie Nettebrock
Barther Straße
18334 Eixen
Telefon 038222/30317

Reit- und Fahrverein Katzenow e.V.
Eichenallee 37
18465 Katzenow
Telefon 038320/64796

Reiterhof Jorewitz
Wege 8
18465 Rekentin
Telefon 0172/6441991

Urlaub
mit Kind und Kegel
An fünf Fingern kann man abzählen, was Mecklenburg-Vorpommern zum Familienland macht. Die Ostseestrände und 2000 Seen; die märchenhaften Schlösser und Burgen; die urigen Wälder, die duftenden Wiesen und die seltenen Tiere; die Erlebnisvielfalt vieler Freizeitanbieter und die Schlemmer- & Schlummerangebote für große und kleine Gäste.
Jetzt kostenlos anfordern:
Katalog »Urlaub mit Kind und Kegel«
mit familienfreundlichen Angeboten unter
www.auf-nach-mv.de/familie
Urlaub mit Kind und Kegel
Kataloge, Infos & Buchung:
Tourismusverband Mecklenburg-Vorpommern e.V
Platz der Freundschaft 1
18059 Rostock · fon +49 (0)180 5000 223 (0,14 €/min)
fax +49 (0)381 40 30-555 · info@auf-nach-mv.de
www.auf-nach-mv.de/familie
Mecklenburg Vorpommern
MV tut gut.

MV TUT GUT!
PSST! SONST SPRICHT SICH DAS NOCH RUM!

Gutscheine

Bitte beachten Sie Folgendes zur Einlösung der Gutscheine:

Alle Gutscheine sind eine freiwillige Leistung der beteiligten Einrichtungen. Diese haben sich uns gegenüber verpflichtet, die auf den Gutscheinen zugesagten Leistungen einmalig zu gewähren. Dennoch besteht darauf kein Rechtsanspruch. Die Gutscheine können bis zum 31.12.2010 eingelöst werden.
Bitte legen Sie beim Einlösen unbedingt das gesamte Buch vor. Einzeln vorgelegte Gutscheine werden unter Umständen nicht akzeptiert.

Gültig bis 31.12.2010.

Experimentarium Zingst
5% Preisnachlass auf alle Karten

Natur-Schatzkammer Neuheide
10% Nachlass auf Familienkarte

Wasserskianlage Körkwitz
50% Nachlass auf einen Kinderpreis für Minigolf
und 1 € für U-17-Jährige
auf Stundenticket der Wasserskibahn

Kinder-Spiel-Park Tessin
1 € Rabatt für 1 Kind oder
2 € Rabatt Familienkarte

Aquadrom Graal-Müritz
20% Nachlass auf die Wasserwelt für ein Kind

Graal Müritz
Tretmobil pro Kind 2 € Rabat bei erster Stunde

Karl's Erlebnis-Dorf
einmal Kerzenziehen gratis

Rövershagen Kerzenscheune
einmal Kerzenziehen gratis

Kletterwald Hohe Düne
Kinderkarte fürs erste Kind nur 50%

Rostocker Kinderclub
10% Preisnachlass auf Kinder-Eintritt

Fohlenhof Bistow
eine Kinderreitstunde kostet 5 € weniger

Zoo Rostock
Sonnenblende für ein Kind als Geschenk

Ostseewelten 5D Kino
1 € Rabatt für 1 Kind oder 2 € Rabatt Familienkarte
(für Sponge Bob, Ostseefilm, Universum 5D)

miniland Göldenitz
Eintritt für 1 Kind gratis oder
10% Nachlass auf Familienkarte

gesamte Preisnachlässe: 29,40 €

Das Buch wurde unterstützt durch den
Tourismusverband Mecklenburg-Vorpommern e.V.

Familienland MV

Qualitätssiegel für familienfreundliche Angebote
in Mecklenburg-Vorpommern.
Mehr zum QMF (Qualitätsmanagement Familienurlaub)
unter www.qualitaetskontor.de (Zertifizierung)

Bildnachweise
Kirsten Schielke
Birgit Vitense
Harald Larisch
Siegfried Blumhagen
Günter Nowald
Gut Darß
Juliane Hecht-Pautzke
Seehund Forschungsstation
Volkstheater Rostock,
Dorit Gätjen
Freizeitzentrum Tessin
Computeranimation Möwentreff

Die Deutsche Nationalbibliothek verzeichnet diese Publikation in der Deutschen Nationalbibliographie; detaillierte bibliographische Daten sind im Internet über http//dnb.ddb.de abrufbar.

Lagerstraße 7
18055 Rostock
Telefon 0381/49690
www.hinstorff.de

1. Auflage 2009

Herstellung
Hinstorff Verlag GmbH

Konzept und Redaktion
Kirsten Schielke, Birgit Vitense

Redaktionsschluss
30. November 2008

Gestaltungskonzept und
Illustrationen
Harald Larisch

Layout und Satz
Harald Larisch

Lektorat
Thomas Gallien

Druck und Bindung
fgb · freiburger graphische betriebe, Freiburg

ISBN 978-3-356-01309-2